Sarah Heuzeroth

DIE WELT IN EINER EIERSCHALE

Wie die Artenvielfalt uns rettet
und warum wir Vögel brauchen

eichborn

Every species is something that is unique and unrepeatable in the universe.

Edward L. McCord

34
46
74
92
26
62
48
18
76
20
28
82
50

INHALT

60

22

30

EINLEITUNG

Ein Eichelhäher hüpft über das Herbstlaub. In seinem Schnabel steckt eine Eichel, die er in einem unbeobachteten Moment mit raschen Bewegungen im weichen Waldboden vergräbt. Eine alltägliche Szene, scheinbar unbedeutsam. Doch stellen wir uns einmal vor, wir könnten aus dem Bild herauszoomen, das eine Individuum verlassen und stattdessen die weltweiten Aktivitäten aller Rabenvögel sehen. Und das nicht nur in einem Herbst, sondern in Tausenden von Herbsten. Manche Forscher:innen glauben, hier den Schlüssel für die Frage zu finden, wie Eiche, Kiefer und Co. nach dem Rückgang der eiszeitlichen Gletscher so schnell nach Norden wandern konnten. Wahrscheinlich verdanken wir viele Wälder den Vögeln. Und nicht nur das – bei ihren Flugreisen um die Welt, ihren Tauchgängen in die Meere und ihren spektakulären und klugen Nestbauten verändern Vögel stetig ihre Umwelt. Sie hinterlassen Spuren in Form von Saatgut und Nährstoffen, sind Jäger und Gejagte. Ohne Vögel wäre unsere Welt eine andere.

Was wir uns in diesem Buch am Beispiel der Vögel anschauen, gilt in gewissem Maße für alle Tierarten, und auch für Pflanzen, Pilze und Mikroorganismen. Unsere Welt, wie wir sie kennen, existiert dank eines Netzwerks an Arten mit unzähligen Verknüpfungen und Querverbindungen, mit teils ungeahnten Wechselwirkungen und Abhängigkeiten. Ein gleichzeitig stabiles und doch fragiles Gebilde, das die Basis für unser aller Überleben formt. Vielleicht ein bisschen wie eine Eierschale: Stark und kräftig schützt sie das Leben in ihr, doch ein ordentlicher Knacks, oder manchmal nur ein kleiner Riss, und alles kann in Gefahr sein.

Ein solcher Knacks vollzieht sich gerade, denn die Artenvielfalt auf der Erde nimmt rapide ab. In den USA sind in den letzten paar Jahrzehnten drei Milliarden Vögel verschwunden. Jede achte Vogelart weltweit ist vom Aussterben bedroht. Bei Amphibien, Weichtieren, Insekten und anderen Artengruppen sieht es sogar noch viel dramatischer aus.

Anders als vor 66 Millionen Jahren, ist es diesmal kein Asteroid, der den Großteil allen Lebens auslöscht, sondern es sind wir Menschen, die das verursachen. Mit unserer Lebensweise überlasten wir Ökosysteme und verändern sie so schnell, dass auch wir selbst irgendwann unseren Platz darin verlieren könnten. Arten sterben, bevor wir sie überhaupt entdeckt, geschweige denn ihre Rolle auf der Welt verstanden habe. Um aber die Biodiversität vor uns zu schützen, ist es wichtig zu verstehen, wie sie das komplizierte Netz des Lebens zusammenhält. Dieses Buch widmet sich der Rolle, die Vögel dabei spielen.

Denn Vögel sind nicht nur wunderschön, sie sind auch besonders gut erfasst und erforscht, wir wissen also im Vergleich zu anderen Tieren recht viel über sie. Sie sind die artenreichste Gruppe der Landwirbeltiere und über den gesamten Planeten verbreitet. Vermutlich sieht jede und jeder von uns sie täglich.

Von der kargen Atacama-Wüste über die offenen Meere bis tief ins riesige antarktische Inland: Es gibt keinen überirdischen Ort, den sich Vögel nicht erschlossen haben.

Der **MONGOLENHÄHER** verbreitet dornige, rosablühende Mandelbüsche in zentralasiatischen Wüsten.

Der **DIADEMHÄHER** vergräbt die Samen von Kiefern und Eichen in Nordamerika.

Viele Vogelarten legen in ihrem Leben enorme Strecken zurück, manche umfliegen sogar die ganze Erde. Gleichzeitig sind sie oft an ganz bestimmte Lebensräume, Zyklen und klimatische Bedingungen gebunden, an das Schlüpfen der Insektenlarven und die Fruchtbildung der Bäume. Sie reagieren sensibel auf Veränderungen. Ihr Verschwinden kann uns Hinweise darauf geben, dass sich der Zustand der Lebensräume und der Biodiversität im Allgemeinen verschlechtert. Und ihr Aussterben hat Konsequenzen. Denn, wie alle Arten, erfüllen Vögel wichtige und besondere Funktionen in der Natur, von denen Pflanzen und Tiere, und damit auch wir Menschen, abhängig sind.

Ich möchte mit diesem Buch nicht nur eine Faszination für Vögel wecken, sondern auch für die spannenden und komplexen Abhängigkeiten in der Natur. Wer einmal darin eintaucht und ein paar der Fäden und Knotenpunkte im großen Netz der Biodiversität kennenlernt, wird diese selbst überall bemerken. Was es in diesem Buch zu entdecken gibt, sind kleine Beispiele ohne Anspruch auf Vollständigkeit, exemplarische Orte und Geschichten. Aber ich habe die Hoffnung, dass sie dabei helfen, ein grundlegendes Verständnis für die Komplexität und Relevanz unserer Biodiversität zu vermitteln. Nur wenn wir die ökologische Welt um uns herum verstehen, können wir begreifen, wie gefährdet sie wirklich ist und wie wichtig es ist, für ihren Erhalt zu kämpfen.

Als Wissenschaftsillustratorin ist die Vermittlung komplexer Themen und Zusammenhänge ein zentrales Thema für mich. Schon lange arbeite ich zu Umweltthemen, erstelle mit tollen Partner:innen Illustrationen zu den Auswirkungen unserer Lebensweise, zur klimagerechten Transformation der Gesellschaft, über die Lebensräume von Wildkatzen und Langohrfledermäusen. Normalerweise illustriere ich nur, schreibe jedoch nicht – erst recht kein Buch! Es war ein spannender Prozess, herausfordernd und aufregend. Ich hatte keine Auftraggeber:innen mit konkreten inhaltlichen Erwartungen. Dafür bin ich ins kalte Wasser der Wissenschaft gesprungen und habe selbst Studien gewälzt, unglaublich viel gelesen, mit Expert:innen gesprochen und vor allem: viel gelernt.

Herausgekommen ist eine ganz persönliche Liebeserklärung an die Vögel und die Wissenschaft und ein Plädoyer für gesellschaftlichen Wandel. Ich freue mich, dass ihr mit diesem Buch gemeinsam mit mir auf die Reise geht: Tauchen wir mit den Tölpeln in den Indischen Ozean, reisen wir ins eisige Spitzbergen und in die heiße Kalahariwüste. Schauen wir vor unsere eigene Haustür und auf menschliche Eingriffe in die Natur. Versuchen wir zu verstehen, wieso die Vögel verschwinden und was wir gemeinsam tun können, um unsere Welt zu erhalten.

STARKE NETZWERKE

Der Begriff der Biodiversität ist in aller Munde. Wir denken an blühende Wiesen, dichten Urwald, Lebensräume, in denen es summt, blüht und zwitschert. Und wir wissen, dass die Biodiversität bedroht ist. Aber was genau bedeutet dieser Begriff eigentlich?

Die **biologische Vielfalt** ist letztendlich die gesamte facettenreiche Natur unseres Planeten, vom winzigen Gen zum großen Gebirge. Der Begriff wird in drei Aspekte unterteilt: die Vielfalt an Habitaten, die Vielfalt an Arten und die Vielfalt an Genen. Sie bedingen sich gegenseitig wie ineinandergreifende Zahnräder, die alles am Laufen halten.

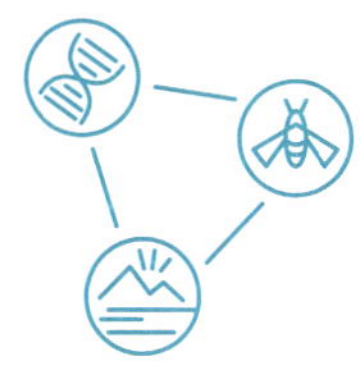

Nicht immer springt einem die Artenvielfalt eines Ortes ins Auge. Scheinbar karge Regionen wie Moore oder Hochgebirge beherbergen hochspezialisierte Arten und sind sehr wichtig für die Biodiversität. Mehr in Teil 2.

Mit der **Vielfalt an Habitaten** sind unterschiedliche Naturräume gemeint, in denen Tiere und Pflanzen leben. Habitate ermöglichen das Überleben und die Entwicklung der Arten. Denn jeder Ort hat besondere Voraussetzungen (zum Beispiel Böden, Klima, chemische Zusammensetzungen), an die sich Arten über lange Zeit angepasst haben.

Die **vielfältigen Arten** stabilisieren sich gegenseitig und haben oft wichtige Funktionen für andere Arten in einem Lebensraum. Dabei ist nicht nur die reine Anzahl an Arten wichtig, sondern auch die Menge der Individuen an einem Ort (die ***Populationen***) und ihre Interaktionen untereinander.

Die **genetische Vielfalt** beschreibt die Vielfalt an ›Sorten‹ eines Gens bei den Populationen einer Art. Die genetische Vielfalt gewährleistet ihre Widerstandsfähigkeit. Denn in einem vielfältigen Genpool findet die Natur schneller Lösungen für neu auftretende Probleme (zum Beispiel veränderte Umweltbedingungen). Die Art kann sich anpassen und ihr Überleben unter neuen Bedingungen sichern.

Was die Welt zusammenhält: Ökosysteme

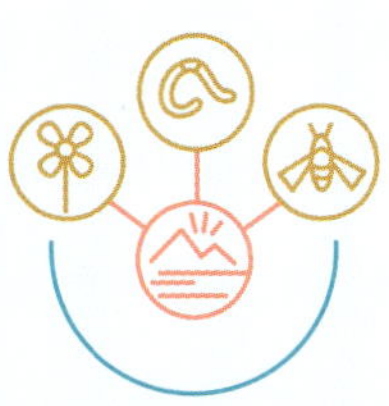

Was ist eigentlich ein Ökosystem? Vereinfacht fasst man darunter eine bestimmte Gemeinschaft von Arten (Tiere, Pflanzen, Pilze, Mikroorganismen), gemeinsam mit dem Ort an dem sie leben. **Artengemeinschaft** und **Habitat** zusammen bilden ein **Ökosystem**. Es ist aber kein festes, abgeschlossenes Gebilde, sondern in stetem Wandel. Man könnte sagen, seine Stabilität entsteht gerade durch Beweglichkeit und Vielfalt.

Intakte Ökosysteme formen unsere gegenwärtige Welt und schaffen die Voraussetzungen für unser Überleben. Sie sorgen für Sauerstoffproduktion und CO_2-Speicherung, Bodenfruchtbarkeit und Pflanzenbestäubung, für die Bereitstellung von Nahrungsmitteln, Ressourcen, sauberer Luft und frischem Wasser. Sie schützen vor Seuchen, Überschwemmungen und Wetterextremen.

Manche Arten haben besonders relevante Funktionen in einem Ökosystem. Würmer und Kleinstlebewesen zersetzen totes Material, geben Nährstoffe frei und lockern Böden auf.

Korallenriffe beispielsweise sind wahrscheinlich Lebensraum für mehr als ein Viertel aller Unterwasserlebewesen. Sie verhindern die Übersäuerung der Meere, indem sie CO_2 binden, und können als äußerst stabile Bauwerke starke Sturmfluten abmildern. Und auch in Flüssen und Seen spielt sich Wichtiges ab: Kleine unscheinbare Muscheln filtern bemerkenswerte Mengen an Algenpartikeln aus Flüssen und sorgen damit für eine gute Wasserqualität.

Doch die früher artenreichen Muschelbestände sind weitestgehend aus unseren Flüssen verschwunden. Korallenriffe sind weltweit bedroht. Pestizide, Überdüngung und Verdichtung schädigen Böden. Habitate verschwinden und die Arten unserer Erde sterben mit beispielloser Geschwindigkeit aus. Der globale Rückgang der Biodiversität hat große Konsequenzen für unsere Ökosysteme.

VERLORENE VIELFALT

Wir sind Teil der Natur und abhängig von einer intakten Umwelt. Allerdings belasten wir Ökosysteme durch unsere Lebensweise so stark, dass menschengemachte Umwelteinwirkungen mittlerweile die größte Gefahr für unser eigenes Überleben darstellen.

Was auf dem Spiel steht

Wir zerstören zwar nicht den Planeten selbst, aber ein Leben auf der Erde, *wie wir es kennen*. Eine Welt, die uns Menschen, und allen Arten unserer Zeit, das Überleben ermöglicht.

Dass Arten aussterben ist ganz normal. Doch das gegenwärtige Tempo ist alarmierend. Auch wenn wir den Großteil der Arten weltweit noch nicht beschrieben haben, gehen wir von vermutlich rund acht Millionen Pflanzen- und Tierarten auf dieser Welt aus. Davon sind derzeit mindestens eine Millionen Arten vom Aussterben bedroht. Wir stehen einem menschengemachten Massenaussterben gegenüber – und womöglich einem der schnellsten der Erdgeschichte.

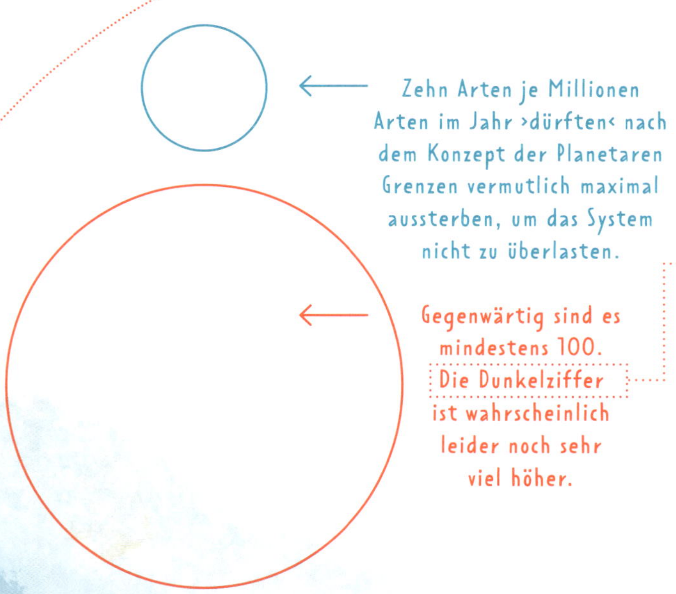

Nach aktuellem Wissensstand ist die globale Aussterberate selbst konservativ berechnet mindestens zehn- bis hundertmal höher, als im Durchschnitt der letzten zehn Millionen Jahre. Einzelne Quellen sprechen sogar von einer tausendfach erhöhten Aussterberate. Und sie wächst stetig an.

Der menschengemachte Klimawandel befeuert das Artensterben zusätzlich. Er kann Dominoeffekte in Gang setzen, die, wenn wir unsere Lebensweise nicht stark verändern, dramatische Folgen haben werden. Ein Leben, wie wir es heute kennen, könnte dann in naher Zukunft nicht mehr möglich sein.

DIE WANDERTAUBE war im 19. Jahrhundert noch die häufigste Vogelart der Welt. Heute ist sie ausgestorben.

Massenaussterben

Bei Massenaussterben verschwinden mehr als 70 Prozent aller Arten auf der Erde unwiderruflich. Das ist auch ohne den Menschen schon vorgekommen, bisher wahrscheinlich fünfmal. Massenaussterben verändern die Welt dauerhaft. Bei dem letzten, vor rund 66 Millionen Jahren, starben unter anderem die Nicht-Vogel-Dinosaurier aus. Wir sehen zwar rückwirkend betrachtet, dass sich das Leben auf der Erde wieder erholen kann – doch dieser Prozess dauert mitunter Hunderttausende bis viele Millionen Jahre. Und danach ist die Welt eine völlig andere.

In den letzten 50 Jahren haben wir fast 70 Prozent aller Wirbeltier-Populationen auf der Welt verloren. Jede sechste Vogelart gilt als akut gefährdet. Forscher:innen gehen davon aus, dass wir gegen Ende des Jahrhunderts mindestens zehn Vogelarten pro Jahr verlieren werden.

Ist als Brutvogel aus Deutschland verschwunden: **DER GOLDREGENPFEIFER**

Ihn könnte es bald nicht mehr geben: **DER STEPPENKIEBITZ**

Unbekannte Folgen

Neben dem Verlust der Schönheit und Vielfalt sind die Folgen von Artensterben und Populationsrückgängen kaum abzuschätzen. Viele Funktionen von Arten in der Natur sind uns noch nicht bekannt und Wechselwirkungen schwer vorherzusehen. Schauen wir uns im nächsten Teil einige der Verflechtungen von Vögeln mit ihrer Umgebung an.

Teil I

DAS ORCHESTER DER ARTEN

Die Geschichte des Lebens auf der Erde ist stets eine Geschichte der Wechselwirkung zwischen den Geschöpfen und ihrer Umgebung gewesen.

Rachel Carson

WIE VÖGEL EINFLUSS NEHMEN

Die unterschiedlichen Einflussarten von Vögeln auf ihre Umgebung lassen sich grob in folgende fünf Kategorien unterteilen und sind auf den jeweiligen Seiten entsprechend gekennzeichnet.

Nährstoffeintrag

Durch ihren Kot verbreiten Vögel Nährstoffe. Besonders die rund eine Milliarde Seevögel weltweit ›exportieren‹ große Mengen Phosphor und Stickstoff aus dem Meer, wenn sie Fische oder Plankton fressen, und tragen es über ihren Kot an Land. Übrigens: Der Begriff Guano, mit dem der Kot von Vögeln bezeichnet wird, stammt aus der Quechua-Sprache der Inka und bedeutet *»Mist, mit dem man düngt«*. Alexander von Humboldt ließ den Kot um 1800 analysieren und legte damit den Grundstein für unser heutiges Verständnis des Stickstoffkreislaufs.

Auf folgenden Seiten werden Orte vorgestellt, in denen der Nährstoffeintrag von Bedeutung ist:

S. 16: Als die Seevögel verschwanden
S. 18: Warum Rochen Bäume mögen
S. 20: Wer die Felsen blühen lässt

Zoochorie

Dieser Begriff beschreibt die Ausbreitung von Pflanzensamen (und seltener auch von Insektenlarven oder Fischeiern) durch Tiere. Dies geschieht bei Vögeln beispielsweise durch das Anhaften am Federkleid, durch Ausscheiden und Hervorwürgen oder durch das Verstecken von Samen. Vögel sind die wichtigste Tiergruppe für diese Art der Verbreitung. Einige Pflanzenarten sind sogar ausschließlich auf sie angewiesen, so zum Beispiel Efeu, Pfaffenhütchen und Maiglöckchen. Und Himbeeren sind nur dann überhaupt keimfähig, wenn sie vorher einen Verdauungstrakt passiert haben.

Hier geht es um Arten der Zoochorie bei Vögeln:

S. 22: Starke Schnäbel
S. 24: Unter dem Mistelzweig
S. 26: Wie Feinschmecker den Wald erhalten
S. 28: Wie Leben in den Teich gelangt
S. 30: Fruchtbare Vorratskammern

Die größten Guano-Produzenten sind übrigens **GOLDSCHOPFPINGUINE** in der Antarktis.

Bestäubung

Mit Blumen und Pollen assoziieren wir Bienen. Doch auch viele andere Tiere ernähren sich von Nektar und bestäuben dabei die Blüten. Darunter Käfer, Wanzen, Fliegen, Wespen und Ameisen. Aber auch größere Tiere wie Lemuren, Echsen, Fledermäuse und Opossums – und natürlich: Vögel. Neueste Forschung deutet sogar darauf hin, dass die Bestäubung durch Vögel weitaus effektiver und relevanter ist, als bisher angenommen wurde.

S. 22: Starke Schnäbel

Neben amerikanischen Kolibris bestäuben auch Vögel in Afrika, Asien und Australien Blüten, zum Beispiel der **WEIßAUGEN-HONIGFRESSER**. Sogar Sperlingsvögel übernehmen diese Aufgabe manchmal, wenn sie die süßen Staubblätter von Blüten fressen.

Schutz & Wechselbeziehungen

Tiere profitieren auf sehr unterschiedliche Weise durch die Gegenwart anderer und können dadurch sich oder ihre Brut schützen. Dies geschieht beispielsweise, indem Vögel Nistplätze für andere Tiere schaffen oder diese durch ihre Rufe warnen. Manchmal bilden sie auch sogenannte ›mutualistische Symbiosen‹, in denen ein existenzieller Vorteil für beide Parteien entsteht.

S. 32: Gefiederte Alarmanlagen
S. 34: Die Macht der Vielen
S. 36: Wohnraumschaffer
S. 38: Gewebte Oasen
S. 40: Scharfäugige Beschützer

Ein Beispiel für Mutualismus ist die Beziehung von Nilkrokodil und **WELLENTRIEL**, die häufig friedlich nebeneinander brüten: Geht das Krokodil jagen, warnt der kleine Vogel ihn bei Gefahr. Seine eigene Brut wiederum wird durch die Gegenwart des großen Reptils geschützt.

Prädation

Viele Vögel fressen Insekten oder andere Tiere und nehmen dadurch Einfluss auf Ökosysteme und die Bestände anderer Arten. Das wiederum kann auch uns Menschen zugutekommen, zum Beispiel wenn dadurch Nutzpflanzen auf unseren Feldern vor Schäden geschützt werden. **RAUCHSCHWALBEN** beispielsweise fressen ca. 60 Insekten pro Stunde. In den USA wird der Buntfalke mit künstlichen Nistplätzen auf Obstplantagen eingesetzt, um Heuschrecken, Stare und Nagetiere fernzuhalten.

Hier geht es um Vögel, die andere Tiere fressen:

S. 42: Wie Beutegreifer die Artenvielfalt retten
S. 44: Was geschah, als es keine Spatzen mehr gab
S. 46: Vielfalt statt Fichtenwald
S. 48: Wenn Kaffee unter Bäumen wächst
S. 50: Die Tatortreiniger

ALS DIE SEEVÖGEL VERSCHWANDEN

Tauchen wir mit den Tölpeln hinab in den Indischen Ozean. Hier am Chargos-Archipel werden die Auswirkungen von Seevögeln auf das Ökosystem der Korallenriffe erforscht. Einige der Inselgruppen sind von Ratten bevölkert, die sich wahrscheinlich im 18. Jahrhundert durch Seefahrer dort ansiedelten. Die Ratten fanden mit den Eiern und Küken der Seevögel reiche Beute vor. Die Vogelbestände sanken auf diesen Inseln entsprechend rasch, während sie auf benachbarten, von Ratten unberührten Inseln auch heute noch florieren.

Viele Vögel und bunte Korallen

Durch diesen direkten Vergleich konnten Forscher:innen feststellen, dass das System der Korallenriffe offenbar unter anderem durch die Seevögel am Laufen gehalten wird. Über ihre Exkremente gelangen Nährstoffe auf die Inseln, die dann mit dem Regen ins Meer gespült werden. Davon profitieren die Organismen im Meer, vor allem pflanzenfressende Fische. Diese grasen an den Riffen und sorgen für ein gesundes Gleichgewicht zwischen Algen und Korallen.

ROTFUßTÖLPEL fangen ihre Beute mit einen Sturzflug aus bis zu neun Metern Höhe.

Korallenriffe bedecken nur 0,2 Prozent der Erdoberfläche, beherbergen jedoch ein Viertel der gesamten maritimen Artenvielfalt.

Auf den von Ratten besiedelten Inseln hat sich auch die Kokospalme stark ausgebreitet. Sie verdrängt heimische Bäume und bietet den Seevögeln keine Brutplätze.

Inseln ohne Seevögel

Entsprechend dramatisch wirkt sich das Fehlen der Seevögel auf den mit Ratten besiedelten Inseln aus. Durch die fehlenden Nährstoffe im Wasser sind die Fischbestände kleiner und wachsen langsamer. Sie fressen nur noch weniger als die Hälfte der Algen an den Korallen.

Wenn es weniger Fische gibt, können Algen die Korallen überwachsen. Das ganze Riff ist weniger stabil und reagiert anfälliger auf den Klimawandel.

Die Nährstoffzugabe der Vögel wirkt sich hier positiv auf die Artenvielfalt aus. Doch es ist eine Frage der Dosis: Korallenriffe reagieren sehr empfindlich auf Überdüngung. Ein Überangebot von Stickstoff und Phosphor bedroht Korallenriffe an vielen Küsten – überall dort, wo große Mengen Abwässer und Düngerreste aus der Landwirtschaft ins Meer gelangen.

WARUM ROCHEN BÄUME MÖGEN

Eine ähnliche Verbindung finden wir weit draußen im Pazifik, mitten im riesigen Blau zwischen Australien und Mexiko. Hier liegt das Palmyra-Atoll. Auch hier breiteten sich einst Ratten und Kokospalmen mit den Menschen aus. Seit 2000 ist es jedoch in Besitz der Umweltorganisation *The Nature Conservancy*, die Ratten sind mittlerweile verschwunden und das Atoll wird lediglich noch zu Forschungszwecken besucht. So beispielsweise von Hillary Young und ihren Kolleg:innen. Sie erforschten dort ökologische Interaktionsketten in möglichst unberührter Natur. Mit einem besseren Verständnis solcher dominoartigen Wechselwirkungen können die Auswirkungen menschlicher Eingriffe auf Ökosysteme klarer erkannt werden. Auf Palmyra fanden sie tatsächlich eine interessante Korrelation: Wo anstelle von Kokospalmen heimische Baumarten die Küstenregionen prägen, durchziehen auffällig viele Riesenmantas das Wasser. Und das, obwohl die Bäume den Rochen herzlich egal sein dürften. Wie kann das sein?

Als Plankton bezeichnet man hauptsächlich kleine, im Wasser schwebende Tiere (Zooplankton) und ebenso winzige Pflanzen (Phytoplankton). Sie stehen am Anfang der Nahrungskette und spielen eine zentrale Rolle in maritimen Ökosystemen. Phytoplankton produziert außerdem die Hälfte des globalen Sauerstoffs.

Hochkonzentrierte Sammlung

Die Antwort fanden die Forscher:innen im Kronendach der Bäume: Dort nisten große Kolonien von Seevögeln, darunter Rotfußtölpel und Weißkappennoddis. Die Seevögel beziehen ihre Nahrung aus einem weiten Umkreis. Ihren nährstoffreichen Kot hinterlassen sie aber zum Großteil unterhalb der Nistbäume. Über Regen und Gezeiten werden die gesammelten Nährstoffe dadurch hochkonzentriert zurück ins Meer gespühlt. Dieser Booster erhöht die Produktivität von Phytoplankton. Davon ernährt sich Zooplankton, winzige Tierchen, die sich nun stärker vermehren und größer werden als anderswo. Das lockt schlussendlich die Riesenmantas an die Küsten, die sich unter anderem von Zooplankton ernähren. Die Gewässer an den bewaldeten Küsten bieten ihnen dadurch einen wichtigen Lebensraum mit ausreichend Nahrung.

Diese Verbindung zeigt, wie einzelne Veränderungen im Ökosystem scheinbar unvorhersehbare Auswirkungen haben können. Denn wer hätte im ersten Moment schon vermutet, dass heimische Bäume an einer pazifischen Atollküste sich auf die Rochenbestände im Meer auswirken könnten?

Die Rochen wandern zwischen verschiedenen Ökosystemen hin und her und spielen eine wichtige Rolle bei der Weitergabe von Nährstoffen. Wahrscheinlich hört die Kette der Wechselwirkungen bei ihnen also nicht auf.

Riesenmantas gehören zur Familie der Teufelsrochen. Seit 2019 gelten sie als stark gefährdet.

Die Wissenschaftler:innen erhoffen sich durch diese nachgewiesene Interaktionskette ein verbessertes Verständnis für komplexe Interaktionen in Ökosystemen. Vermutlich sind derartige Abhängigkeiten in der Natur recht häufig. Sie zu erkennen und mit all ihren Teilen als zusammenhängende Kette eindeutig zu bestimmen, ist hingegen oft schwierig.

WER DIE FELSEN BLÜHEN LÄSST

Nicht nur unter Wasser haben die Nährstoffeinträge durch Vögel eine Bedeutung. Phosphor und Stickstoff sind lebensnotwendige Elemente für jeden biologischen Prozess. Und Seevögel sorgen mit einem erheblichen Anteil für deren Umverteilung, indem sie Nahrung im Meer fangen und über den Kot die Umgebung ihrer Nistplätze düngen.

Seevögel (wie die **TROTTELLUMMEN**) verteilen weltweit jedes Jahr knapp 600.000 Tonnen Stickstoff und 100.000 Tonnen Phosphor in ihren Brutgebieten.

Einer dieser Brutorte ist die Arktis. Hier ist das Leben hart und die Vegetation spärlich. Da ist es nicht verwunderlich, dass der üppigste Pflanzenbewuchs häufig in unmittelbarer Nähe zu Vogelfelsen auftritt. Ohne die Unterstützung der Vögel, die Nährstoffe aus dem Meer ans Land transportieren, wäre die Landschaft im hohen Norden eine ärmere. Planktonfressende **KRABBENTAUCHER** verteilen in Spitzbergen während einer Saison etwa 60 Tonnen Kot pro km². Solche enormen Mengen an Dünger, die lokal die Hauptnährstoffquelle für terrestrische Ökosysteme darstellen, haben große Auswirkungen auf die arktische Biodiversität.

Auf der Nordhalbkugel gehört auch der **EISSTURMVOGEL** zu den großen Nährstofflieferanten.

Mit ihrem Kot nehmen Seevögel sogar ein wenig Einfluss auf das Klima.

Tatsächlich wird die Arktis dadurch in kleinem Ausmaß, aber immerhin messbar, kühler gehalten. Leider ist der Effekt nur kurzzeitig und reicht nicht aus, um die menschengemachte Erderwärmung abzupuffern.

Welche Pflanzen in einem Seevogel-Brutgebiet wachsen, hängt übrigens von der Vogelart ab – genauer gesagt von deren Hauptfutterquelle. Um die Nester planktonfressender Vögel erblüht weißes Hornkraut. Zwischen den Felsen um fischfressende Brüter bilden sich eher Kissen aus Löffelkraut.

STARKE SCHNÄBEL

Wir befinden uns in den Regenwäldern Südamerikas. Hier leben große Vögel wie Tukane, die für die Wälder von besonderer Bedeutung sind.

Große Vögel und kräftige Wälder

Tukane fressen Früchte und bewegen sich in einem weiten Umkreis. Indem sie die Samen der Früchte andernorts verteilen, ermöglichen sie den genetische Austausch mit entfernten Pflanzen. Forscher:innen rechneten aus, dass wenn nur zehn Prozent der größten fruchtfressenden Vögel fehlen, sich die Entfernung, über die die Samen verbreitet werden können, um fast 40 Prozent verringert. Was nach trockenen Zahlen klingt, kann enorme Auswirkungen auf Ökosysteme haben. Durch eine geringere genetische Vielfalt werden die Wälder weniger widerstandsfähig. Besonders wichtig sind die auffälligen Schnäbel der Tukane, denn nur dadurch können sie Saatgut von gewisser Größe verbreiten. In Asien und Afrika übernehmen Nashornvögel diese Aufgabe. Und ihr Verschwinden verändert vielerorts die Vegetation – mit weitreichenden Folgen.

Die **ROTBAUCHDROSSEL** kann nur kleine Samen fressen.

Dank seines Schnabels kann der **DOTTERTUKAN** Früchte mit besonders dicken Samen fressen. Dadurch spielt er eine wichtige Rolle bei der Vermehrung von Bäumen wie der Jussarapalme.

Der **FLECKENARASSARI** gehört auch zu den Tukanen und verbreitet großes Saatgut. Als Höhlenbrüter nutzt er verlassene Spechthöhlen.

Auch Säugetiere wie das Großohropossum sind wichtig beim Verbreiten von Baumsamen.

Tukane wie dieser **BUNTTUKAN** tragen Samen oft Kilometer weit.

Schwindende Vögel und schrumpfende Palmen

Mit der Zerstörung von Regenwäldern verlieren große fruchtfressende Vögel wie der Tukan ihren Lebensraum. Die Bestände gehen stetig zurück. Forscher:innen stellten fest, dass das einen direkten Einfluss auf die Jussarapalme hat. Das ist eine besonders große und strukturgebende Palme des Regenwalds, deren große Samen ohne Tukane nicht mehr verbreitet werden können. Zwar kann die Palme kleinere Samen produzieren, die dann von kleinen Vögeln verbreitet werden, aber aus denen wiederum wachsen entsprechend kleinere Palmen. Tatsächlich schrumpft die Jussarapalme dadurch. Und die kleineren Palmen sind scheinbar besonders anfällig für Hitze und Trockenheit – keine guten Voraussetzungen für die voranschreitende Klimakrise.

In Amerika sind rund 7000 Pflanzenarten zur Bestäubung auf Kolibris angewiesen.

Eine Vorliebe für krumme Schnäbel

Doch auch ganz kleine Vögel sind nicht zu unterschätzen. Winzige Kolibris übernehmen eine besondere Aufgabe der ›Pflanzenpflege‹: die Bestäubung. Indem sie mit ihrem filigranen Schnabel Nektar trinken, befruchten sie die Blüten. Manche Pflanzen werden geradezu wählerisch. Obwohl es in Amerika rund 360 Kolibriarten gibt, hat sich die Blume *Heliconia tortuosa* (links) beispielsweise auf zwei Arten mit stark gekrümmten Schnäbeln spezialisiert und zwar einfach deshalb, weil die besonders weit fliegen. So können Artgenossen in weiter Entfernung von ihr bestäubt werden, was die genetische Vielfalt und Qualität ihrer Samen erhöht. Ein spannendes Beispiel für Koevolution!

Der **VIOLETTDEGENFLÜGEL** ist eine der Arten, die durch ihre spezielle Schnabelform Zugang zum Nektar hat.

UNTER DEM MISTELZWEIG

Die Beziehung von Tukan und Palme oder Kolibri und Blume nennt sich ›Mutualismus‹, denn hier profitieren beide Arten voneinander. Eine ähnliche Symbiose lässt sich in der Sonora-Wüste finden, die sich von Mexiko bis nach Arizona und Kalifornien erstreckt. Dort lebt der Trauerseidenschnäpper, der sich in der kargen Landschaft auf die Beeren der Wüstenmistel spezialisiert hat.

Wie alle Misteln gilt die Wüstenmistel als ein sogenannter ›Halbschmarotzer‹: Sie zapft Bäume an, um an Wasser und Mineralstoffe zu kommen, betreibt aber teilweise selbstständig Photosynthese.

Weil sie auf der Erde keine Wurzeln schlagen kann, ist die Mistel auf Wirtsbäume angewiesen. Um dorthin zu gelangen, macht sie sich Vögel zunutze. Hierfür hat sie ein ausgeklügeltes System entwickelt: Die Samen umgibt ein besonders klebriges Fruchtfleisch, wodurch sich der Vogel den Schnabel häufig reinigen muss. Indem er ihn an Ästen reibt, verteilt er das Saatgut.

Wenn der **TRAUERSEIDENSCHNÄPPER** sich den Schnabel putzt, pflanzt er neue Misteln.

Nützlicher Schmarotzer

Im Gegenzug bietet die Mistel den Vögeln ein reichhaltiges Nahrungsangebot im Winter sowie einen Unterschlupf. Während der Brutzeit lockt sie mit ihren Blüten viele Insekten an, die den Vögeln als Futter für ihre Jungen dienen.

Auch andere Arten in der Wüste profitieren von der Mistel und somit indirekt von den Trauerseidenschnäppern. Viele Säugetiere ernähren sich von ihren Pflanzenteilen und Beeren, und sie ist Futterpflanze für die Raupen wunderschöner Wüstenschmetterlinge (wie zum Beispiel dem *Atlides halesus*). Der Nektar ist eine wichtige Nahrungsquelle für Insekten, und ihr dichter, buschiger Wuchs dient vielen Arten als Schlaf- und Nistplatz.

Der **FLECKENKAUZ** nistet gerne in den buschigen Misteln.

Misteln gibt es fast überall auf der Welt. In Australien hat man festgestellt, dass sie die Vielfalt in Wäldern erhöhen. Als Forscher:innen die Misteln aus einigen Gebieten testweise entfernten, ging die Artenvielfalt von Vögeln dort deutlich zurück. Und obwohl sie ihren Wirtsbaum für Nährstoffe anzapft, kann auch der Baum von ihr profitieren: Die vielen fruchtfressenden Vögel, die durch die Mistel angelockt werden, bedienen sich auch an anderen Früchten. Das Saatgut eines Wacholderbaums mit Mistelbefall ist dadurch im Schnitt doppelt so erfolgreich.

WIE FEINSCHMECKER DEN WALD ERHALTEN

Diese Geschichte vom Schwarzkehltapaculo in Patagonien zeigt, wie schnell wir Zusammenhänge übersehen können: Erst kürzlich wurde nämlich entdeckt, dass der Vogel nicht nur Samen, Beeren und Weichtiere auf seiner Speisekarte stehen hat, sondern anscheinend auch ganz bewusst auf Pilzsuche geht.

Der **SCHWARZKEHLTAPACULO** hat es auf Trüffel abgesehen, die er zielsicher im Waldboden aufstöbern kann.

Dass diese Tatsache zuvor keine Aufmerksamkeit erhielt, liegt wohl schlicht daran, dass der Vogel für diese besondere Nahrungssuche ein ganz gewöhnliches Verhalten an den Tag legt: Er hüpft über den Boden und wühlt wie eine Amsel unter Blättern und Moos herum, als suche er nach Würmern. Dass er mit seinem Schnabel stattdessen unterirdische Fruchtkörper von Trüffelpilzen aufpickt, ist nur zu erkennen, wenn man wirklich ganz genau hinschaut.

Forscher:innen untersuchten nach dieser Entdeckung den Kot der Vögel, und tatsächlich: Sie fanden in 38 Prozent der Proben Trüffel-DNA.

Die Verbindung von Vögeln und Pilzen ist umfassender als bisher gedacht: Weltweit ernähren sich mindestens 45 Vogelarten von Pilzen. Höhlenbrüter nutzen holzzersetzende Pilze um Bäume auszuhöhlen. Und bei 176 Vogelarten wurde Pilzmaterial in ihren Nestern gefunden.

Mit einem Fluoreszenzmikroskop konnten die Forscher:innen nachweisen, dass die Pilzsporen im Kot überlebensfähig sind und sich dadurch weiter verbreiten können. Der Schwarzkehltapaculo stillt also mit seinem außergewöhnlichen Speiseplan nicht nur seinen Hunger, sondern hilft auch dabei, die Pilzsporen weiter im Wald zu verbreiten. Das kommt auch dem Wald zugute.

Unsichtbare Netzwerke

Trüffel gehören zu den sogenannten Mykorrhizapilzen. Über ihr feines unterirdisches Geflecht, das Myzel, bilden sie Partnerschaften mit Waldbäumen. Während die Pilze von den Bäume Kohlenhydrate erhalten, versorgen sie diese im Gegenzug mit Wasser und Nährstoffen. Das dichte Myzelgeflecht stabilisiert und verbessert die Böden, ermöglicht den Nährstoffaustausch zwischen Bäumen und ist ein wichtiger Bestandteil der Wälder

WIE LEBEN IN DEN TEICH GELANGT

Wie kommt es, dass ein in sich geschlossener Teich von großen Fischen bevölkert wird? Und wie können Muscheln über weite Entfernungen hinweg eng miteinander verwandt sein? Es war jahrhundertelang ein Rätsel, wie das Unterwasserleben zwischen stehenden Gewässern umherwandert. Auch Forschende rätseln immer wieder über merkwürdig enge Verwandtschaftsverhältnisse von urzeitlichen Süßwassertieren auf unterschiedlichen Kontinenten, die sich trotz Kontinentalverschiebungen mit eigener Kraft nie hätten begegnen können.

Bereits Charles Darwin beschäftigte die Frage und er stellte die Vermutung auf, dass Wasservögel auf die eine oder andere Weise dazu beitrugen. So beschrieb er eine Muschel, die sich scheinbar absichtlich an den Zeh eines Entenweibchens festgeklammert hatte. Wenn auch nach wie vor nicht eindeutig bewiesen, so wird die Theorie als sehr plausibel angesehen, dass Muscheln, Fischeier und Kleinsttiere an Beinen oder Gefieder der Vögel hängen bleiben und durch die Vögel an andere Orte getragen werden.

Ein einziges Karpfenweibchen kann bis zu 1,5 Millionen Eier auf einmal legen.

Kürzlich, im Jahr 2020, konnten ungarische Forscher:innen einen Vorgang belegen, wie der Fischnachwuchs auf eher ungewöhnliche Weise in neue Teiche gelangt: Sie fütterten Stockenten mit Hunderten von Karpfeneiern und analysierten daraufhin die Ausscheidungen. Ein Bruchteil der Eier war, ähnlich wie bei vielen Pflanzensamen, nach der Verdauung tatsächlich unbeschadet.

Eines von 500 Eiern im Kot der Enten ist überlebensfähig.

Was nach extrem wenig klingt, macht einen deutlichen Unterschied, wenn man bedenkt, dass Enten Fischeier zu Tausenden fressen und nur zwei Eier ausreichen können, um in einem Teich eine neue Population zu gründen.

Die meisten Eier in einem Vogelmagen hat man bisher in dem einer Eismöwe entdeckt: Es waren 63.501 Stück.

Neben Fischen sind auch Wasserpflanzen und manche Insekten auf die Verbreitung durch Enten in andere Teiche angewiesen.

Es wird davon ausgegangen, dass auch andere Wasservögel Fischeier durch den Verdauungstrakt transportieren. Aber durch die weite Verbreitung in Süßwassergebieten und danke ihrer großen Reichweite spielen Stockenten unter allen Wasservögeln vermutlich eine bedeutende Rolle. Schätzungen zufolge können sie Fischeier in bis zu 60 Kilometer weit entfernte Teiche bringen.

FRUCHTBARE VORRATSKAMMERN

Eigentlich sollen sie ihm als Vorrat für schlechte Zeiten dienen: Sorgfältig versteckt der Eichelhäher einzelne Bucheckern und Eicheln im Boden. Doch er vergräbt viel mehr Samen, als er selber essen wird. Vielleicht, weil er einen gewissen Schwund mit einkalkuliert. Die Vögel sind damit wahre Meister im Bäumepflanzen und tragen zur natürlichen Verjüngung von Wäldern bei. Möglicherweise sind ganze Wälder durch sie entstanden. Im Königlichen Nationalstadtpark in Stockholm wurde die Aussaathilfe von Eichelhähern untersucht. Dort sind schätzungsweise 84 Tiere für jährlich rund 460.000 neue junge Eichen verantwortlich.

Bei Tieren, die Samen verstecken, unterscheidet man zwischen zwei Arten: jenen, die einzelne große Vorratskammern voller Nahrung anlegen, und den sogenannten ›Scatterhoardern‹, die ihre Vorräte weit verstreut verstecken. Diese unzähligen Einzelverstecke lassen sich dann zwar kaum überwachen und verteidigen, sind aber auch viel weniger attraktiv für andere Tiere. Raben, Häher und auch Eichhörnchen gehören eher zu den ›Scatterhoardern‹. Im Vergleich zu Eichhörnchen sind die Vögel allerdings wählerischer, was die Qualität der zu versteckenden Samen betrifft.

Eichelhäher tragen Samen bis zu sechs Kilometer weit.

Für Bäume, die ihre Samen nicht durch den Wind verbreiten, sind die Tiere unerlässlich. Wenn Eichelhäher sie in der Erde vergraben, schaffen sie damit ideale Keimbedingungen. Außerdem profitieren die Bäume (ähnlich wie die Palmen im Regenwald) von der Entfernung, die Vögel zurücklegen, sodass sich neue Bäume auch in weitem Umkreis zum Mutterbaum entwickeln können.

Feste feiern, wie sie fallen

Um von der Aussaathilfe durch Häher und Co. bestmöglichst zu profitieren, produzieren einige Baumarten in einem unregelmäßigen Abstand von mehreren Jahren gemeinsam besonders riesige Samenmengen, sogenannte Masten. Durch das plötzliche Überangebot sichern sie sich höhere Auskeimchancen, weil die Waldtiere dann auf keinen Fall alle Samen fressen können. Durch die enorme Anzahl an schlagartig verfügbaren Samen vergrößern die Häher in dieser Zeit ihren Radius für das Anlegen von Verstecken, und die Bäumen können sich noch weiter verbreiten.
Eichen veranstalten in der Regel alle sechs bis zwölf Jahre solche Überproduktionsevents, unter anderem im Zusammenhang mit den Klimaschwankungen der Nordatlantischen Oszillation.

Wenn Buchen ihr ›Mastfest‹ feiern, kommen oft riesige Schwärme von Bergfinken aus dem Norden.

EICHELHÄHER haben ein sehr gutes Gedächtnis und können sich unzählige Verstecke merken. Es ist mehr kluge Kalkulation als Vergesslichkeit, die dazu führt, dass sie nicht alle ihre Verstecke später wieder aufsuchen.

Eichelhäher verstecken Eicheln in einem Abstand von 0,5–6 Metern zueinander.

GEFIEDERTE ALARMANLAGEN

Viele Vögel verfügen über ein differenziertes System an Warnrufen. Eichelhäher gelten mit ihren Rufen als Wächter der Wälder. Und Meisen rufen schneller, höher und länger, je größer ihnen die Bedrohung scheint. Wenn Schwarzkopfmeisen beispielsweise einen großen Habicht sehen, rufen sie nur zwei Silben, bei einem kleinen und wendigen Gnomenzwergkauz hingegen, der für sie gefährlicher werden könnte, sind es zehn.

Bei besonders großen Gefahren warnt die **GRAUHÄUBCHENMEISE** mit bis zu hundertsilbigen Zi-Rufen.

Nicht nur Vögel hören bei Warnrufen aufeinander. Viele andere Arten achten und reagieren auf sie. Wapiti-Hirsche hören zum Beispiel verstärkt auf Raben, seit die Wölfe wieder in den Yellowstone Nationalpark zurückgekehrt sind.

Auch Streifenhörnchen achten auf die Meisenrufe, wenn sich ein Greifvogel nähert.

Schutz vor Wilderei

Besonders wichtig könnten diese Alarmsignale für Nashörner sein, deren geringe Bestände stark von Wilderei bedroht sind. So gilt der Rotschnabel-Madenhacker auch als Beschützer der Nashörner. Er befreit die großen Tiere nicht nur von Parasiten, sondern warnt seinen Träger auch vor Gefahren. Forscher:innen fanden heraus, dass Nashörner Wilder:innen besser aus dem Weg gehen können, wenn sie den Vogel in ihrer Nähe haben. Nachdem die Madenhacker durch Pestizide ihre Nahrungsgrundlage verloren haben und aus vielen Regionen Afrikas verschwanden, gibt es nun Überlegungen, sie wieder bewusst anzusiedeln, um Spitzmaulnashörner vor Wilderei zu schützen.

DIE MACHT DER VIELEN

Stare sind berühmt dafür, gewaltige und geradezu künstlerisch wirkende Formationen am Himmel zu bilden. Ihre seitlich liegenden Augen ermöglichen ihnen einen fast vollständigen Rundumblick und damit eine schnelle Reaktion auf die Bewegungen benachbarter Vögel. Wissenschaftler:innen ermittelten, dass eine Bewegung von einem äußeren Vogel von 400 Individuen des Schwarms innerhalb von einer halben Sekunde kopiert werden kann. Von weitem wirken die Tiere dadurch wie ein einziger riesiger Organismus.

Doch welchen Nutzen hat die Schwarmbildung für die Tiere? Ungefähr ein Drittel aller Schwarmbildungen hat die Anwe-

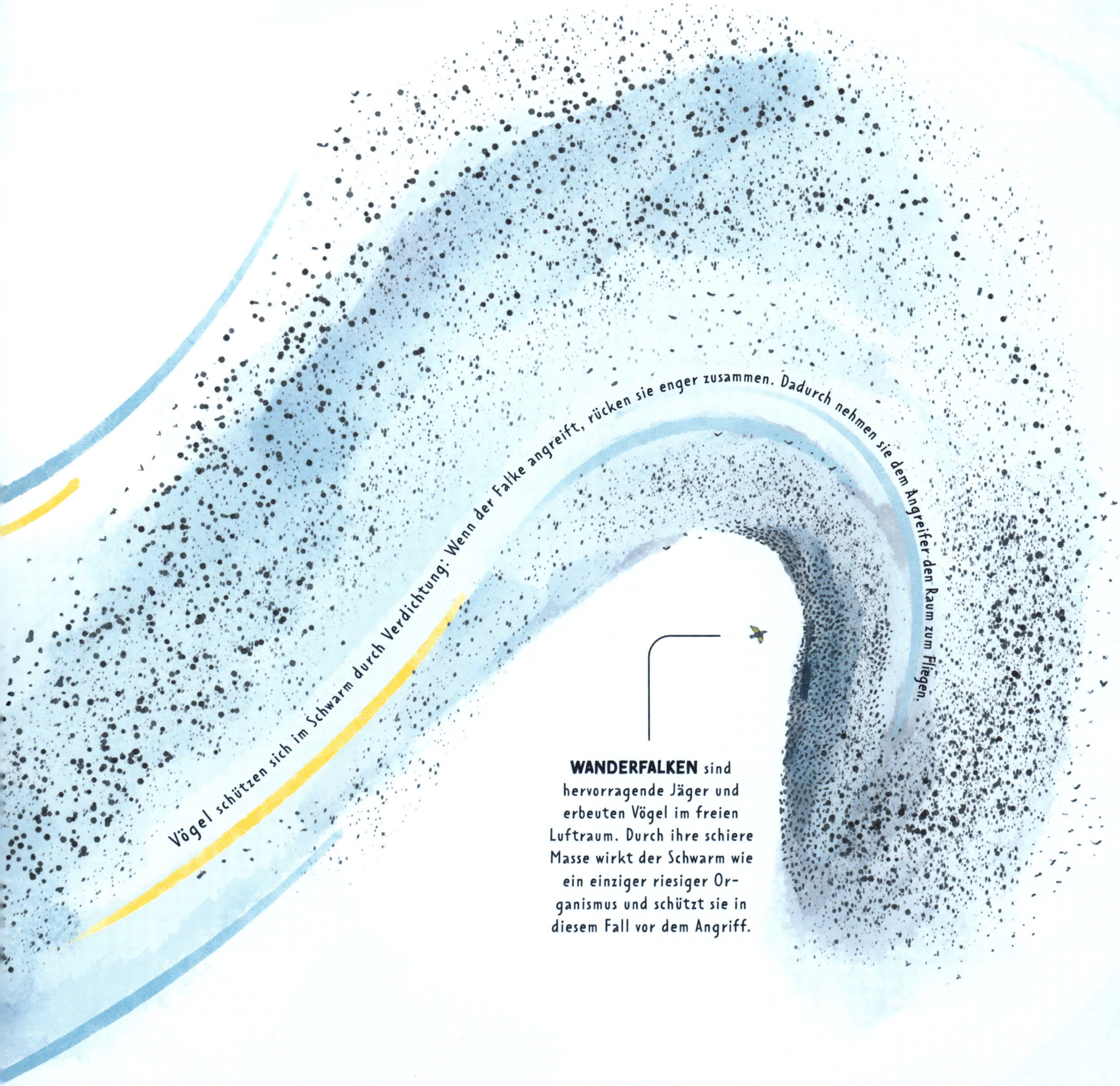

senheit eines Raubvogels zur Ursache. Wenn ein Falke angreift, können sich die Stare durch ihre Masse schützen.

Was uns diese Geschichte lehrt: Für die Artenvielfalt ist nicht nur die reine Anzahl verschiedener Arten wichtig, sondern auch deren Populationen. Durch größere Bestände, also mehr Individuen, ist eine Art grundsätzlich stabiler. Geringere Bestände erfüllen ökologische Funktionen oftmals nicht mehr so gut. Und Vogelarten wie der Star, die große Schwärme bilden, profitieren von vielen Artgenossen. Nicht nur an Brutstätten, sondern auch bei ihren langen Reisen in den Süden, die sie in großen Gruppen antreten, um gemeinsam Wind und Wetter besser zu trotzen, können sie sich untereinander besser schützen.

WOHNRAUM-SCHAFFER

Die **HAUBENMEISE** zieht gerne in Spechthöhlen ein.

Vögel bauen sich meistens ihr eigenes ›Zuhause‹, sei es als Nest aus pflanzlichen Materialien und Federn, aus Lehm oder auch als Höhle in Bäumen. Dieses nutzen sie als Brut- und Aufzugsstätte, als Schlafplatz oder Winterquartier.

Kaum ein Vogel geht jedoch mit so viel langfristiger Planung an seinen Bau wie der Schwarzspecht. Er wählt gezielt Buchen aus, die eine Kernfäule im Inneren aufweisen (das sind in der Regel Bäume, die mindestens 100 bis 120 Jahre alt sind), und schlägt mit seinem Schnabel den Splint des Baumstamms an. Anschließend lässt er Pilze für sich arbeiten, die das Holz über einen langen Zeitraum hinweg nach und nach zersetzen. Manchmal kehrt der Specht erst Jahre später zurück, um seine Arbeit an der Höhle fortzuführen und diese auszubauen. Solche Großhöhlen brauchen fünf bis zehn Jahre, bis sie entstehen, halten dann allerdings auch sehr lange.

Eine Tropfkante oben und eine angeschrägte Kante unten verhindert, dass Regenwasser vom Stamm in die Höhle läuft.

Der **SCHWARZSPECHT** ist auf alte Bäume angewiesen und ist ein guter Indikator für intakte Wald-Ökosysteme.

Alte Wälder sind leider selten geworden. Die Forstwirtschaft, die Bäume ab einem Durchmesser von 35 Zentimetern für die Holzproduktion fällt, ist eine Bedrohung für Spechte und andere auf Althölzer angewiesene Arten.

Das Innere der Höhle kleidet der Specht mit Sägespänen aus.

Höhlen für alle

Die Baumhöhlen bilden eine wichtige Struktur für die Artenvielfalt in Wäldern und sind die Lebensvoraussetzung einiger bedrohter Höhlenbewohner.

In Deutschland werden Spechthöhlen unter anderem von Arten wie dem Siebenschläfer, der Schellente oder dem **RAUFUßKAUZ** genutzt. Manchmal sind die wertvollen Altbauten sogar geradezu voll besetzt, indem zum Beispiel unten die Hohltaube brütet, während darüber die Fledermäuse schlafen.

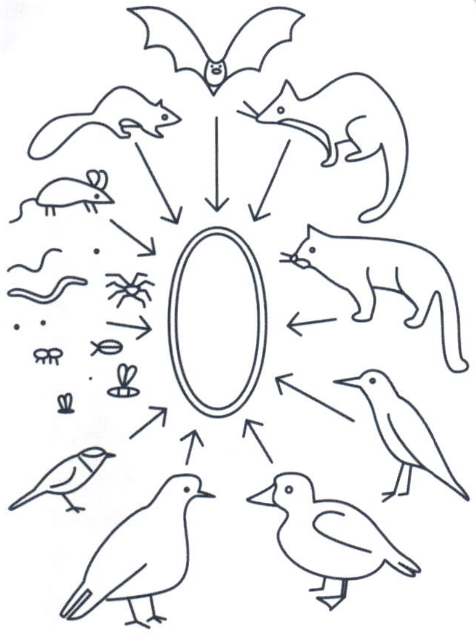

Höhlen des Schwarzspechts bieten einen Lebensraum für mehr als 50 Arten.

Eine Studie aus den USA ergab, dass Meisen, Fliegenschnäpper und Zaunkönige sogar länger leben, wenn sie in alten Spechthöhlen nisten. Die Höhlen bieten einen besseren Zugang zu Insekten und einen besseren Schutz als selbst gebaute Nester.

GEWEBTE OASEN

Ein spektakuläres Beispiel dafür, wie Vögel durch den Nestbau Lebensräume für andere schaffen, ist der **SIEDELWEBER**, der in Namibia und der Kalahari-Wüste lebt. Er verändert die Landschaft durch den Bau enormer Gemeinschaftsnester so, dass eine Vielzahl neuer Ressourcen für andere Arten entsteht. Wissenschaftler:innen untersuchten mehr als 250 Siedelweber-Kolonien und stellten fest, dass die Artenvielfalt dort 36 mal höher war als an Bäumen ohne Siedelweber-Kolonien. Aufgrund der besonderen Kargheit der Wüstenregion sind diese neugeschaffenen Strukturen von großer Relevanz für heimische Tierarten. Man bezeichnet den Siedelweber aufgrund seines gestaltenden Einflusses als ›Ökosystemingenieur‹.

Schlaf- und Nistplatz

Die einzelnen Kammern der aus Gras gewebten Nestkonstruktion bieten zahlreichen Arten Schlaf- und Brutplätze. Davon profitieren auch die Siedelweber, denn durch die Anwesenheit anderer Tiere sinkt das Risiko, selber von Prädatoren angegriffen zu werden – ein sogenannter ›Verwässerungseffekt‹. Und Beutegreifer wie die **SCHLEIEREULE**, die die Nisthöhlen der Siedelweber nutzen, ohne ihnen zur Gefahr zu werden, bieten zusätzlichen Schutz.

Nahrungsquelle

Skarabäuskäfer profitieren von den Ausscheidungen der Vögel, die sich unter dem Nest sammeln. Raubkatzen, wie z. B. die Ginsterkatze, finden zuverlässig Beutetiere im Baum. Und auch für zahlreiche Kleinsttiere ist das Nest ein nahrhafter Lebensraum. Der winzige Pseudoskorpion *Sociochelifer metoecus*, der als Wirt auf den Vögeln lebt, wurde erst im Jahr 2015 entdeckt. Er ernährt sich von kleinen Wirbellosen im Gefieder der Siedelweber, was beiden Arten zugutekommt.

Schutz vor Hitze

In der Wüste ist Schatten ein seltener Luxus. Besonders für Säugetiere ist der durch die Vogelbauten entstehende kühle Schatten unterhalb der Nester von großer Bedeutung.
Durch die gut isolierten Nester ist es aber selbst oberhalb der Bauten in praller Sonne noch kühler als am sonnigen Boden. Diesen Effekt nutzt beispielsweise auch der **FLECKENUHU**, wenn er sein Nest oben auf das Dach der Kolonie baut.

SCHARFÄUGIGE BESCHÜTZER

Siedelweber, die von der Gegenwart der Schleiereule profitieren, sind kein Einzelfall. Vögel nutzen zum Teil ganz gezielt die Anwesenheit anderer Arten als Schutz für ihre Brutstätte. So ist die Küstenseeschwalbe in der Arktis mit ihrer aggressiven Art und einschüchternden Wirkung eine begehrte Brutnachbarin, um sich vor dem Polarfuchs zu schützen.

Im US-amerikanischen Arizona orientiert sich der Kleinste am Größten, um eine sichere Aufzucht der Jungen zu gewährleisten. Hier wurde beobachtet, wie Kolibris überraschend häufig in direkter Nähe zu Habichten nisten. Genauer gesagt traf das bei einer Studie auf 80 Prozent von Hunderten überwachten Kolibrinestern zu.

Und nicht nur das. Forscher:innen fanden zudem heraus, dass Gelege in Kolibrinestern, die unterhalb eines aktiven Greifvogelhorstes gebaut wurden, viel erfolgreicher waren. Andernorts gelang die Aufzucht oft nur zu dramatischen acht Prozent, in den beschützten Nestern überlebte ein Vielfaches der Nachkommen. Wie war das möglich?

Die Erklärung dafür erschien alsbald im schillernd blauen Federkleid des Mexikohähers. Dieser jagt nämlich sehr gerne die winzigen Kolibris, steht allerdings seinerseits beim Habicht ganz oben auf dem Speiseplan und meidet die Gebiete entsprechend.

Der **MEXIKOHÄHER** hält gerne einen Sicherheitsabstand von mindestens 100 Metern zu Habichtnestern.

Der Habicht könnte diesen **SCHWARZKINNKOLIBRI** zwar auch fressen, aber er erscheint ihm so klein, dass es den Aufwand für ihn nicht lohnt.

WIE BEUTEGREIFER DIE ARTENVIELFALT FÖRDERN

Beutegreifer sind sehr wichtig für die Artenvielfalt. Sie halten Populationen in Schach und verhindern, dass einzelne Arten Überhand nehmen. Dadurch können Tiere derselben ökologischen Nische, die eigentlich konkurrieren würden, nebeneinander koexistieren. Sogenannte ›Spitzenprädatoren‹ sind Tiere, die ganz oben an der Nahrungskette stehen. Diese können Ökosysteme ordentlich aufmischen: Indem sie auch andere Beutegreifer jagen, fördern sie unterschiedliche Konstellationen an Tierarten.

Habichte sind solche Spitzenprädatoren und nehmen allein schon durch ihre Anwesenheit Einfluss auf die Vogelgemeinschaften im Gebiet. Wir erinnern uns an die Kolibris. Vögel haben oft eine ziemlich klare ›Meinung‹ zu Habichten. Entweder sie fliehen, oder sie nutzen sie für den eigenen Schutz.

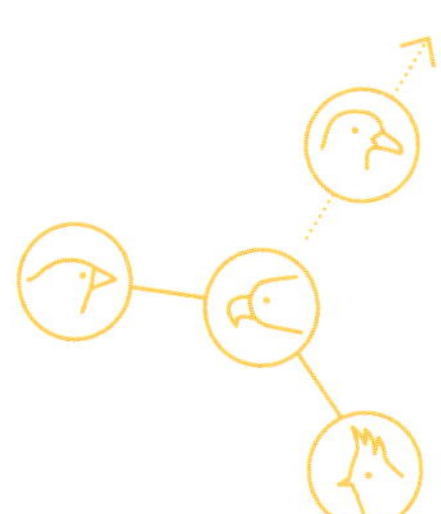

In Finnland stellten Forscher:innen fest, dass sich das Vorkommen bestimmter Vogelarten mit der Entfernung zu Habichtnestern messbar verändert. Je weiter wir uns von einem solchen Nest entfernen, auf desto mehr Ringeltauben werden wir wahrscheinlich treffen. Buchfinken und Haubenmeisen hingegen haben nichts gegen den Riesen einzuwenden und profitieren eher von seiner Gegenwart, da er ihnen kleinere und für sie gefährlichere Greifvögel vom Hals hält.
Gleichzeitig sind Habichte recht unbeständig. Sie haben oft mehrere Horste im Revier und wechseln diese von Jahr zu Jahr, oder sie verlassen ihr Revier und erschließen sich ein neues. Durch ihre Bewegung entstehen immer wieder veränderte Zusammensetzungen an Vogelarten an einem Ort, was zu einer höheren Vielfalt an Vogelgemeinschaften führen kann.

Eine folgenreiche Auswilderung

Um den vielschichtigen Effekt von großen Beutegreifern in Ökosystemen zu veranschaulichen, eignet sich folgendes gut untersuchte Beispiel: Seit die Wölfe 1995 in den US-amerikanischen Yellowstone Nationalpark zurückgekehrt sind, beeinflussen sie das Gebiet umfangreich.
Die Bestände von Wapiti-Hirschen gehen zurück, wodurch Zitterpappeln wieder zu ihrer natürlichen Größe heranwachsen. Es gibt etwas weniger Coyoten, und der Gabelbock ist zurückgekehrt. Natürliche Vegetation an Flüssen, die zuvor von Wapitis abgegrast wurde, floriert, was der Biberpopulation zugutekommt.

Durch Staudämme schaffen die Biber Tümpel und Feuchtgebiete, wodurch neue Lebensräume für Fische, Amphibien, Reptilien, Vögel, Insekten und kleine Säugetiere entstehen. Indem Wölfe kranke Beutetiere herausgreifen, dämmen sie auch die Gefahr von Krankheiten wie Chronic Wasting Disease (CWD) ein. Wölfe werden dadurch insgesamt als *keystone species* bezeichnet, eine ›Schlüsselart‹, deren Fehlen dramatische Auswirkungen auf Ökosysteme hat.

Durch das Aas, das die Wölfe übrig lassen, kommen **STEINADLER** und Weißkopfseeadler sowie Bären in das Gebiet und finden genug Nahrung.

Stabile Netze

Ob Wolf, Hai oder Habicht: Ökosysteme weltweit sind grundsätzlich stabiler, wenn es große Beutegreifer an der Spitze der Nahrungskette gibt. Ein künstliches ›Management‹ von Wildtieren, beispielsweise durch die Jagd, kann die komplexe Wirkung von Beutegreifern nicht ersetzen.

WAS GESCHAH, ALS ES KEINE SPATZEN MEHR GAB

Dieses tragische Beispiel zeigt, was geschehen kann, wenn ökologische Verknüpfungen übersehen werden: Im Jahr 1958 ordnete Mao Zedong an, Spatzen in China auszurotten, denn er glaubte, dass sie dem Land das ganze Getreide wegfräßen. Die Vögel wurden daraufhin in einer dreitägigen Aktion mit viel Lärm aufgescheucht und abgeschossen, Nester wurden zerstört. Die ganze Bevölkerung war auf den Beinen. Rund zwei Milliarden Vögel starben, auch viele andere Arten waren betroffen. Es wurde still im Land.

Einen sogenannten 'Spatzenkrieg' zum vermeintlichen Schutz der Getreidefelder hat es bereits mehrfach in der Geschichte gegeben, auch im damaligen Preußen durch König Friedrich II. (1744).

Was folgte daraus?

Den anschließenden Sommer überfielen Scharen von Insekten das Land, und Heuschrecken zerstörten die Ernte. Es brach eine Hungersnot aus, an der 30 Millionen Menschen starben. Für das unglaubliche Ausmaß der Katastrophe gab es viele weitere Ursachen, doch die enormen Ernteausfälle durch die Heuschrecken trugen unumstritten dazu bei. Was Mao Zedong übersah: Spatzen fressen während der Brutzeit viel mehr Insekten als Getreide. Das ist die Zeit, in der auch die Heuschrecken schlüpfen. Mit ihnen standen die Spatzen in einem fragilen Gleichgewicht. Als die chinesische Regierung dies einsah, wurden die Heuschrecken bekämpft, indem man Feldsperlinge aus Russland importierte.

Heute steht der **FELDSPERLING** in China auf der Roten Liste bedrohter Arten. Wer ihn schießt, kann sogar ins Gefängnis kommen.

VIELFALT STATT FICHTENWALD

Arten sind im ewigen Kreislauf von Fressen und Gefressenwerden oft eng an die Populationsgrößen anderer Tiere gebunden. Die Bestände von Jägern und Beute regulieren sich gegenseitig wie auf einer Wippe: Viele Beutetiere führen zu vielen Beutegreifern, wenig Beutetiere heißt auch weniger Beutegreifer. Doch das Ganze findet nicht im luftleeren Raum statt. Durch andere Einflüsse kann dieses Gleichgewicht kippen.

Wann ein Käfer zum Schädling wird

Ein Beispiel hierfür ist der Große Achtzähnige Fichtenborkenkäfer, auch ›Buchdrucker‹ genannt. Forstarbeiter:innen fürchten ihn wegen seiner Auswirkungen auf Fichten. Wie viele baumschädigende Insekten hat er im Zuge trockener und heißer Sommer in Zeiten des Klimawandels stark zugelegt.

Vor allem in Baum-Monokulturen, die nach und nach viele unserer natürlichen Wälder ersetzt haben, kann sich der Käfer leicht ausbreiten und enormen wirtschaftlichen Schaden anrichten.

Förster:innen bekämpfen die Ausbreitung unter anderem, indem sie umgekippte Bäume entfernen oder bereits befallene Bäume fällen. Dies hinterlässt jedoch Lücken im Wald und macht ihn umso anfälliger für Sturm und Hitze. Und oft ist es auch eine Standortfrage: Wenn ein Wald mit seinen Baumarten gut an die örtlichen Gegebenheiten angepasst ist, ist er auch widerstandsfähiger. Fichten kommen in skandinavischen Wäldern oder den Alpen oft gut zurecht, vertrocknen aber im Sauerland.

Hilfe auf sechs Zehen

Viele Vögel fressen Borkenkäfer. Besonders Spechte können gut in die Baumrinden vordringen, hinter denen die kleinen Käfer leben. Der Dreizehenspecht, der alte Fichtenwälder bewohnt, hat sich geradezu auf ihn spezialisiert. Forscher:innen untersuchten den Kot der Spechte im deutschen Nationalpark Berchtesgaden. Dort macht der Borkenkäfer über 80 Prozent der Nahrung erwachsener Dreizehenspechte aus. Häufiger aber kommt der Specht in Finnland vor. Wissenschaftler:innen haben dort beobachtet, dass die Vögel zur Brutzeit fast nur Borkenkäfer fressen. Und der Specht begrenzt die Käferbestände nicht nur, indem er sie frisst.

Wo der Specht die Rinde ablöst, setzt er die Brutgalerien des Borkenkäfers Umwelteinflüssen und Pilzen aus. Und auch andere Fressfeinde, wie der Ameisenbuntkäfer oder Schlupfwespen, gelangen nun leichter an sie heran.

Spechte fühlen sich in aufgeräumten Forstwäldern aber nicht wohl. Sie brauchen Totholz und alte Bäume. Grundsätzlich gilt: Strukturreiche Wälder mit vielen Insekten und Vögeln sind resilienter. Und sie produzieren sogar mehr Holz.

In Naturwäldern sind Borkenkäfer ein unverzichtbarer Teil des großen Ganzen: Indem sie geschwächte Bäume entfernen, schaffen sie Platz und geben vielfältigen anderen Pflanzen eine Chance. Dadurch verjüngen sie die Wälder. Manche holzzersetzende Pilze sind ausschließlich auf die Verbreitung durch Borkenkäfer angewiesen. Die Käfer bauen sie regelrecht an.

WENN KAFFEE UNTER BÄUMEN WÄCHST

Eine weitere Unterart des Borkenkäfers ist der winzige Kaffeekirschenkäfer. Bei seinem Anblick scheint es kaum vorstellbar: Aber auch mit seinen nicht mal zwei Millimetern Körpergröße bewerkstelligt er einen weltweiten Wirtschaftsschaden von 500 Millionen US-Dollar im Jahr und treibt Kaffeebauern und -bäuerinnen in den Ruin.
Die ursprünglich aus Afrika stammenden Käfer verbringen ihr gesamtes Leben auf den Kaffeepflanzen, und ihr schneller Lebenszyklus ermöglicht mehrere Generationen pro Jahr.

Das Weibchen legt bis zu hundert Eier in eine Kaffeekirsche.

Die Käfer bauen Gänge in unreifen Kaffeekirschen, die, ginge es nach den Menschen, eigentlich mal Kaffeebohnen hätten werden sollen. Aus den Eiern, die das Weibchen im Inneren der Frucht am Samen legt, schlüpfen nach nur vier Tagen kleine Larven und zerfressen den Samen. Die Ernte ist zerstört.

Bekämpft wird das unliebsame Tier meist mit Insektiziden und Pflanzenschutzmitteln, die allerdings nicht nur dem Käfer schaden, sondern auch der gesamten Umwelt. Sie gelangen ins Grundwasser und schaden Tieren und Anwohner:innen.
Auf ökologisch betriebenen Plantagen stellte man irgendwann fest, dass Pflanzen, die in Waldnähe wuchsen, scheinbar auch auf natürliche Weise einen viel geringeren Befall des Kaffeekirschenkäfers aufwiesen. Wie konnte das sein?

Eine in Costa Rica durchgeführte Studie löste 2013 das Rätsel: Fünf insektenfressende Vögel aus den angrenzenden Waldregionen reduzieren den Käferbefall, und zwar um durchschnittlich 50 Prozent. Je näher die Kaffeesträucher an Bäumen lagen, desto besser funktionierte der gefiederte Schutz vor Käferbefall. Waren die umliegenden Waldanteile groß genug, um ausreichend Lebensraum zu bieten, halfen auch über die Plantage verteilte kleinere Baumgruppen dabei, die Vögel dazu zu animieren, die Käfer über die gesamte Plantage hinweg zu jagen.

Je nach Jahreszeit sorgen die Vögel für Ertragssteigerungen von 75 bis 310 Dollar pro Hektar.

Und der Nutzen des bewaldeten Schattenkaffees beläuft sich auf weit mehr als das. Die Natur scheint sich für diese ökologischere Anbaumethode geradezu revanchieren zu wollen. Durch den Waldanbau bleiben Lebensräume für bedrohte Arten erhalten, und es kann CO_2 gebunden werden. Dank des Schattens und des Mikroklimas der Bäume wird viel weniger Wasser verbraucht. Die Plantagen leiden weniger unter Bodenerosionen und sind besser gegen Extremwetter und weitere Folgen des Klimawandels gewappnet. Kaffeeblüten werden besser bestäubt, was zu höheren Erträgen führt. Kurzum: Der Agroforst ist eine Win-win-Situation für alle Seiten.

DIE TATORTREINIGER

In unseren Augen erstrahlen sie nicht im besten Licht – erst recht nicht, wenn sie gerade mit ihrem Kopf in blutigen Innereien stecken. Geier fressen eklige Dinge auf unschöne Weise. Am Himmel kreisend, erinnern sie uns unheilvoll an die eigene Vergänglichkeit. Und als wäre das nicht genug, verfügen sie auch noch über die verstörende Eigenart, ihren Mageninhalt bei Gefahr zu erbrechen.

Doch die Geschichte könnte auch ganz anders erzählt werden: Geier gehen lebenslange Partnerschaften ein, ziehen ihre Jungen gleichberechtigt groß, baden gerne und pflegen soziale Netze. Als Aasfresser töten Geier nicht – sie räumen nur auf.

Ihre Bestände sinken durch menschliche Einflüsse allerdings dramatisch. Von allen Vogelgruppen weltweit sind Geier am stärksten vom Aussterben bedroht. Und erst jetzt, wo wir sie vielleicht bald für immer verlieren könnten, fangen wir an zu begreifen, warum sie nicht nur faszinierende Tiere, sondern auch für Ökosysteme und unsere Gesellschaften enorm wichtig sind.

In Massen stürzen sich **GEIER** auf tote Tiere und kämpfen um die besten Stücke.

Wächter aus der Luft: Durch ihr verlässliches Auftreten bei Aas können die Vögel weiträumig auf Wilderei hinweisen – oder anzeigen, dass eine ansteckende Krankheit ausgebrochen ist.

Die Welt ohne Geier

Ursachen für das Sterben der Geier sind der Schwund von Lebensräumen und der Rückgang von Wildtieren, insbesondere aber Giftstoffe – darunter Arzneimittel, Blei oder Pestizide. Gegen diese Stoffe können selbst die starken Mägen der Geier nichts ausrichten. Die Gifte sind auch deswegen so gefährlich für Geierpopulationen, da die Vögel sich in Massen am Aas versammeln und ein kontaminierter Kadaver auf einen Schlag Hunderte von Tieren töten kann.

Das Schmerzmittel Diclofenac, das Rindern lange Zeit in Indien verabreicht wurde, hat dort 99 Prozent der Geier ausgelöscht. Das Mittel wurde in Indien mittlerweile verboten, doch andere Medikamente sind weiterhin eine große Bedrohung.

Durch das Fehlen von Geiern nimmt die Verbreitung von Seuchen weltweit zu. In Indien haben sich mit dem Rückgang der Geier streunende Hunde stark vermehrt – und mit ihnen die Tollwut. In Indien sterben jährlich rund 20.000 Menschen an der Krankheit.

Wie Seuchen verhindert werden

Geier sind mit sehr widerstandsfähigen Mägen ausgestatten: Ihre Magensäure kann Krankheitserreger wie Cholera oder Tollwut vollständig zersetzen. Zusätzlich sorgen sie für eine äußerst schnelle und effiziente „Reinigung" der Szenerie.

Ein totes Zebra verschwindet durch Geier ungefähr dreimal schneller aus der Landschaft als durch Säugetiere.

Wenn die Geier erstmal da sind, ist Aas in kürzester Zeit verschwunden – samt Haut und Knochen. Forschende in Kenia kamen zu dem Ergebnis, dass sich ohne Geier der Kontakt von Säugetieren am Aas verdreifacht, wodurch sich das Risiko für die Verbreitung von Krankheiten, die an Wild- und Haustiere weitergegeben werden, stark erhöht.

LEERE PLÄTZE IM ORCHESTER

Der **BIENENFRESSER** verschwindet aus Südeuropa.

Die Bestände der **FELDLERCHE** sinken drastisch.

Vögel sind am Himmel weithin sichtbar und kaum zu überhören: Ihr Verschwinden fällt auf. Bei Insekten und Wirbellosen ist es nicht ganz so einfach. Vielleicht bemerken wir noch, dass es nicht mehr so gefährlich ist, barfuß über eine Kleewiese zu laufen. Aber welche Insektenarten da gerade genau verschwinden, ist nur schwer zu ermitteln. Ähnlich ist es mit anderen Veränderungen in der Natur, die manchmal über viele Generationen vonstatten gehen, sodass wir sie leicht übersehen können. Vögel können uns viele Hinweise auf die Beschaffenheit der Umgebung geben. Allein dafür lohnt es, sie im Blick zu behalten.

Wenn die Rufe von Kiebitz und Wiesenpieper selten werden, können wir uns vorstellen, dass es auch um die Insekten und andere Tiere schlecht bestellt sein wird, die das selbe Habitat nutzen und auf offene Landschaften angewiesen sind.

Die Masse an Fluginsekten in deutschen Naturschutzgebieten ist in 27 Jahren um über 75 Prozent gesunken.

Die Greiskraut-Wespenbiene ist als Brutparasit auf Sägehornbienen angewiesen.

Die Zahntrost-Sägehornbiene braucht offene Feucht- und Magerwiesen.

Etwa zwei Drittel aller Landvogelarten weltweit sind direkt auf Insekten angewiesen.

Nicht nur das Artensterben ist besorgniserregend. Auch die Populationen gehen drastisch zurück. Heute leben 600 Millionen Vögel weniger in Europa als noch vor 40 Jahren.

BRAUNKEHLCHEN sind in Deutschland stark gefährdet.

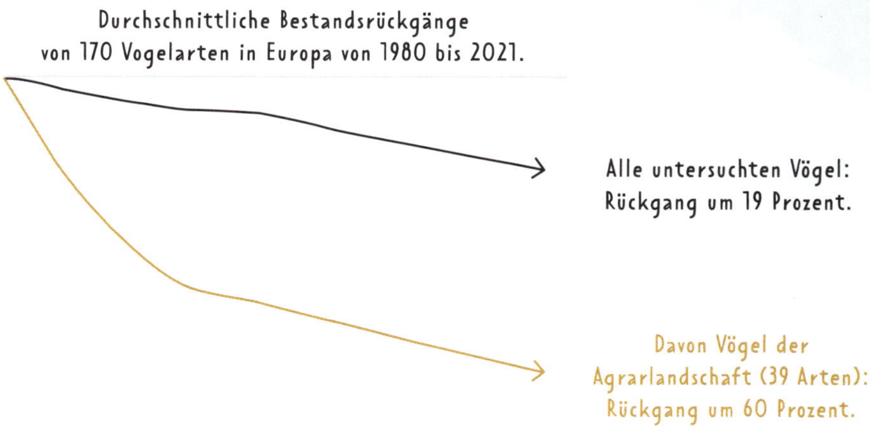

Die Warnung der Vögel

Vögel spiegeln den Zustand der Natur und die Veränderungen im Weltklima. Kraniche, die bei uns überwintern, zeugen vom voranschreitenden Klimawandel. So auch die Mönchsgrasmücke, die innerhalb weniger Generationen neue Flugrouten in ihrem Erbgut gespeichert hat. Statt nach Spanien oder Nordafrika fliegt sie für den Winter nun nach Großbritannien. Der wärmeliebende Bienenfresser kann sich neue Gebiete in Deutschland erschließen, verliert wegen starker Trockenheit aber Lebensräume in Süd- und Osteuropa. Kälteliebende Arten wie Wiesenpieper und Birkenzeisig haben es zunehmend schwer. Wanderungen und Bestandsrückgänge der Vögel weisen uns auf die drastischen Klimaentwicklungen hin. Ganz so als riefen sie: »Seht her, es wird heiß!«

Und sie können uns auch verraten, wie es um Naturräume bestellt ist. Hierfür schaut man sich Arten an, die dieselben Ressourcen auf ähnliche Weise nutzen. Diese Arten werden in sogenannte ›Gilden‹ zusammengefasst. Baumläufer, Kleiber und Waldlaubsänger nutzen beispielsweise alle dicht stehende alte Bäume. Würden alle drei Arten zurückgehen, könnten wir daraus den Rückschluss ziehen, dass sich entsprechende Waldstrukturen verändern. Wenn wir genau hinschauen, können Vögel uns mit ihrem Verschwinden also auch direkt Hinweise zu möglichen Stellschrauben geben, die es zu drehen gilt, um Habitate zu erhalten.

Das Bundesamt für Naturschutz nutzt Vögel mittlerweile seit zwei Jahrzehnten, um deutsche Landschaften zu bewerten. Die Vogel-Gilde für unsere Agrarlandschaft, darunter Braunkehlchen, Feldlerche, Kiebitz und Steinkauz, zeigt in Deutschland dramatische Bestandsrückgänge. Sie schwebt damit quasi wie ein leuchtend rotes Warnblinklicht über unseren Wiesen und Äckern. Leider unsichtbar und ohne nervtötende Sirene, sodass Politik und Bauernverbände ihre Warnungen trotz allem seit Jahren ignorieren können. Dabei sagt uns das Verschwinden der Vögel, dass Änderungen auf landwirtschaftlichen Flächen sehr dringend notwendig sind.
Wenn wir daraus Konsequenzen ziehen wollen, sollten wir einen Blick auf diese Lebensräume werfen und verstehen, welche Faktoren für Vögel relevant sind, um zu überleben. Und wie wir diese erhalten können, statt sie weiter zu zerstören. Darum soll es im zweiten Teil gehen.

Vielen Waldvögeln, wie dem **KLEIBER**, geht es zum Glück noch ganz gut.

Teil II

ÜBER LEBENS RÄUME

We moved from being a part of nature
to being apart from nature.

David Attenborough

EINE FRAGE DER RÄUME

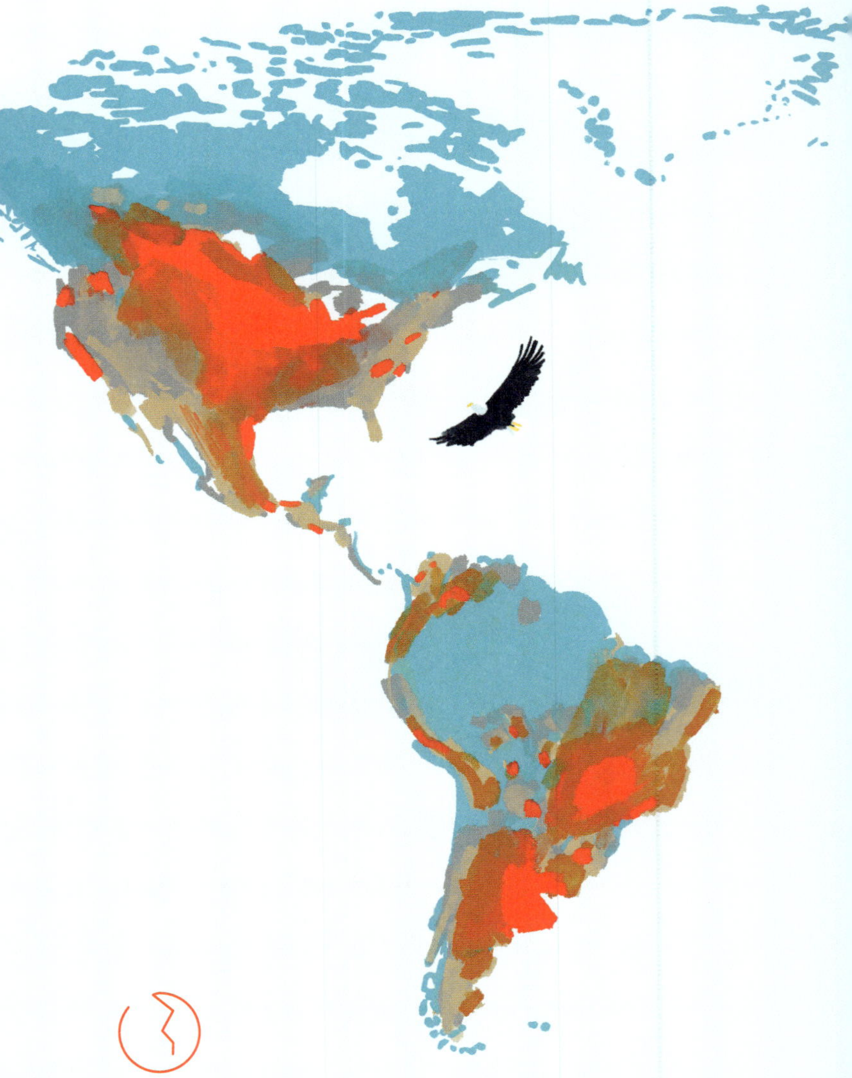

Alle Tiere brauchen Räume. Die Vögel, Insekten, Amphibien, Reptilien, Säugetiere, Weichtiere und Kleinstlebewesen unserer Welt verschwinden, weil ihnen Lebensräume fehlen. Menschen haben sich überall ausgebreitet. Und unser Eingriff in die nicht-menschliche Natur ist enorm.

Nicht ohne Grund sprechen Geolog:innen bereits von einem neuen Erdzeitalter: dem Anthropozän, das Zeitalter des Menschen, über dessen genauen Beginn gerade diskutiert wird. Doch unabhängig davon, ob wir unsere Auswirkungen als transformatives Ereignis oder neues Erdzeitalter definieren: Menschen sind zur bestimmenden Kraft planetarer Veränderungen geworden. Sie vernichten großflächig Ökosysteme und greifen in grundlegende biologische, geologische und atmosphärische Prozesse ein; in den Säuregehalt der Ozeane, das Verhältnis an Gasen in der Luft, den Stickstoffkreislauf und das Weltklima. Gesteinsschichten unserer Zeit werden durchzogen sein von Beton, Aluminium, Plastik und Hühnerknochen. In den entlegensten Winkeln der Welt findet sich menschlicher Abfall. Eine *unberührte* Natur gibt es nicht mehr.
Doch zu begreifen, dass wir die Erde auf eine Weise verändern, die wir nicht beabsichtigen (und die uns letztendlich auch selber schadet), ist der erste wichtige Schritt. Denn dann können wir Möglichkeiten finden, wie wir künftig weniger – oder auf positivere Art – in die Natur eingreifen. Und die Biodiversität so gut es geht erhalten.
Darum geht es in diesem Teil. Auch hier helfen folgende drei Symbole bei der Navigation.

Warum Räume verschwinden

Wo sind die Sollbruchstellen der Vogelvielfalt? Auf den nächsten Seiten schauen wir uns Gefahren für Vögel und die Biodiversität an. Diese resultieren in der Regel aus einem Kernproblem unserer Zeit: Mit einem auf Wachstum und globaler Ungleichheit basierenden Wirtschaftssystem vernichten Menschen (in besonderem Maße Entscheidungsträger:innen und Unternehmen im ›Globalen Norden‹) weltweit Ökosysteme und befeuern weiter das Artensterben und den Klimawandel.

Die industrielle Landwirtschaft ist die Haupttreiberin des globalen Verlusts von Biodiversität. Diese schauen wir uns daher etwas genauer an.

S. 58: Grüne Wüsten
S. 60: Wie wir den Planeten verfüttern
S. 62: Die anderen Vögel
S. 64: Reisen ohne Rückkehr?
S. 66: Leere Meere

Obwohl sich das Verbreitungsgebiet des **SCHMUTZGEIERS** über mehr als 80 Länder erstreckt, ist er stark gefährdet.

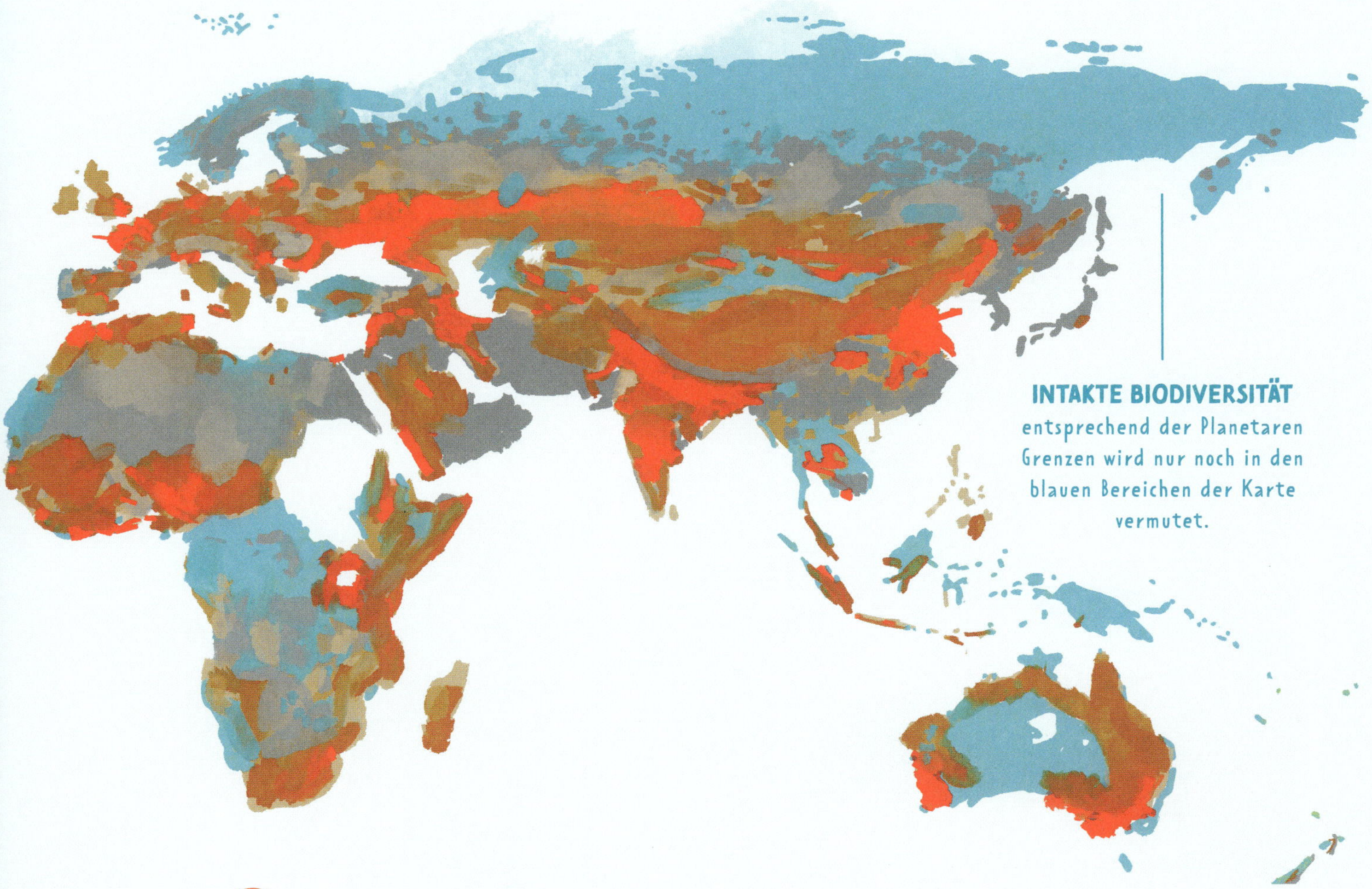

INTAKTE BIODIVERSITÄT entsprechend der Planetaren Grenzen wird nur noch in den blauen Bereichen der Karte vermutet.

Wo Räume sind, die wir brauchen

Anschließend werfen wir einen Blick auf ein paar Orte und Strukturen, die für Vögel relevant sind. Hier geht es um die Eigenschaften und Funktionen einzelner Naturräume, aber auch um menschengemachte Bedrohungen, denen sie ausgesetzt sind, und Möglichkeiten für ihren Erhalt.

Der Schwerpunkt liegt hier bewusst auf Orten im mitteleuropäischen Raum, um bei uns vor der eigenen Haustür anzusetzen.

Wie wir Räume schaffen

Wie können wir ein besseres Zusammenleben mit Vögeln gestalten? Wo können wir der Natur wieder Raum geben oder positiveren Einfluss nehmen? Schauen wir uns hierfür ein paar Orte oder Gesellschaftsbereiche an und finden Ideen und Möglichkeiten, um aktiv zu werden. Um angesichts des globalen Artensterbens nicht den Mut zu verlieren, können wir lokal handeln und in einzelnen Bereichen die nötigen Hebel in Gang setzen.

Die **BRANDSEESCHWALBE** braucht natürliche und ungestörte Küstenlandschaften, siehe S. 70.

3 GRÜNE WÜSTEN

Blühender Raps und sattgrüner Mais, unverbaute Sicht so weit das Auge reicht. Eigentlich doch ganz idyllisch, oder? Zumindest, solange uns nicht auffällt, dass die Lerchen nicht mehr singen und in angrenzenden Naturschutzgebieten die Insekten sterben.

Rund 35.000 Tonnen Pestizidwirkstoffe werden jährlich in Deutschland eingekauft.

Durch Verdunstung, Verwehung, Verbreitung durch Fließgewässer, den Übergang ins Grundwasser und in tierische Nahrungsketten verteilen sich Pestizide in Deutschland auch fernab ihres Austragungsortes.

„Bereinigte" Landschaft

Mit dem Ziel, immer mehr und immer günstigere Nahrungsmittel herzustellen, war das zwanzigste Jahrhundert geprägt von einer Reihe neuer landwirtschaftlicher Errungenschaften: Darunter der Einsatz von Stickstoff-Kunstdünger, Insektiziden wie ›DDT‹ und Herbiziden wie ›Glyphosat‹, neuen großen Erntemaschinen und dem sogenannten ›Flurbereinigungsgesetz‹, das die bunten Flickenteppiche in einheitliche Flächen verwandelte. Die Erträge wuchsen, aber leider auf Kosten der Biodiversität.

DDT ist mittlerweile verboten. Doch auch der heute noch legale Cocktail an Pestiziden bedroht die Artenvielfalt. Insektizide töten auch sogenannte ›Nichtzielorganismen‹, darunter Wildbienen und vermutlich auch Amphibien. Sie verteilen sich vom Acker aus in alle Himmelsrichtungen und verbleiben teilweise noch Jahrzehnte nach ihrem Eintrag in der Natur. Dass gerade die Kombination und Anreicherung verschiedener Wirkstoffe für viele Tiere toxisch ist, wird bei Zulassungen leider in der Regel übersehen.

Leere Himmel und stille Felder: Wir verlieren schätzungsweise etwa 40.000 Vögel in der EU – und zwar pro Tag.

ROTMILAN und Schleiereule können auf den dichtbepflanzten Mais- und Rapsfeldern keine Beute für ihre Jungtiere finden.

So nutzen wir landwirtschaftliche Flächen in Deutschland (in Hektar):

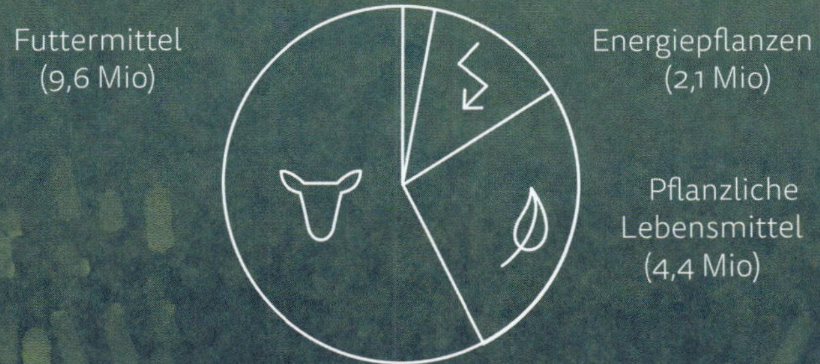

Die größte Bedrohung

Eine Studie von zwölf Insektenforschern aus Krefeld schlug 2017 ein wie eine Bombe: Anhand von Daten aus 63 deutschen Schutzgebieten, in denen jahrelang die Biomasse von Insekten erfasst wurde, stellten sie zwischen 1989 und 2016 einen Rückgang aller Fluginsekten von 75 Prozent fest. Die Erkenntnis rüttelte Politik und Öffentlichkeit auf. Seitdem ist in aller Munde, dass die Insekten verschwinden. Bei den Vögeln offener Landschaften sieht es ähnlich aus. Eine Hauptursache ist die Landwirtschaft, mit ihrem Einsatz von Pestiziden und der Umwandlung von Lebensräumen zu Ackerflächen. Natürlich müssen wir ausreichend Nahrungsmittel produzieren. Doch die größten Stellschrauben finden wir bei den Fragen, *was* wir essen und *wie* wir dieses Essen anbauen: Ökologischere Anbaumethoden und bewaldete Acker können Lebensmittelproduktion mit Artenschutz verbinden (siehe S. 84). Und je mehr wir uns pflanzlich ernähren, desto mehr Flächen können wir einsparen und der Natur zurückgeben. Denn der Flächenverbrauch von Tierprodukten ist enorm. Das liegt nicht nur an Weideflächen, sondern auch an der Futtermittelproduktion.

WIE WIR DEN PLANETEN VERFÜTTERN

Um ein Schnitzel essen zu können oder unseren Kaffee mit Kuhmilch zu trinken, müssen die Tiere vorher ihr Leben lang mit proteinhaltigen Pflanzen gefüttert werden. Und die brauchen viel Platz. Kühe bekommen Grünfutter aus Hochleistungsgras wie dem Deutschen Weidelgras, das auf weitestgehend monotonem Grünland wächst. Darüber hinaus erhalten sie Kraftfutter aus Mais, Soja und Getreide. Ohne die hochkonzentrierten pflanzlichen Proteine könnten die heutigen Turbokühe nicht derart viel Milch produzieren. Doch durch die großen und intensiv bewirtschafteten Monokulturen für den Futtermittelanbau verlieren Rebhuhn und Braunkehlchen ihren Lebensraum.

Schweine und Hühner werden hauptsächlich mit Soja gefüttert. Das wird zum Großteil importiert, beispielsweise aus Südamerika. Durchschnittlich essen wir in Deutschland pro Kopf etwa 55 Kilogramm ›unsichtbares‹ Soja im Jahr, das sich als Futtermittel in Fleisch, Milch und Eiern versteckt.

Für jedes Kilogramm Schweinefleisch braucht es 0,6 Kilogramm Soja.

Wenn Wälder kippen

Vielen ist bekannt, dass auch der Regenwald im Amazonasgebiet für den Sojaanbau gerodet wird – mit dramatischen Folgen. Denn die zunehmende Entwaldung setzt einen Kipppunkt in Gang, der dem Urwald seine Selbsterhaltungskräfte nimmt. Ist der Wald zu klein, verliert er seine ›ökologische Resilienz‹. Oder mit anderen Worten: Das ganze Gebiet verwandelt sich in eine riesige trockene Savanne (nicht zu verwechseln mit artenreichen Feuchtsavannen). Mit alarmierenden Auswirkungen, nicht nur für Menschen und Tiere vor Ort. Denn der Regenwald speichert 123 Milliarden Tonnen Kohlenstoff und spielt eine Schlüsselrolle für das Weltklima. Seit Langem kämpfen viele indigene Menschen für den Schutz dieses wertvollen Ökosystems.

Den kritischen Kipppunkt, der bei einer Entwaldung von 20 bis 25 Prozent vermutet wird, haben wir seit Kurzem erreicht. Seit 2021 stößt das Amazonasgebiet mehr CO_2 aus, als es bindet. Und erste Anzeichen einer ›Savannisierung‹ werden in Brasilien und Bolivien bereits sichtbar.

Immerhin erhält der Amazonas-Regenwald globale Aufmerksamkeit. Mit dem Machtwechsel in Brasilien Anfang 2023 und dank der Arbeit Indigener sowie durch internationale Bestrebungen, verlangsamt sich seine Abholzung wenigstens. Doch dadurch verschiebt sich der Landnutzungsdruck Brasiliens als weltgrößter Soja-Exporteur auf andere Naturräume.

Bedrohter Reichtum

Einer dieser Orte ist die Feuchtsavanne Cerrado im Südosten Brasiliens. Mit seinen zwei Millionen Quadratkilometern ist das Gebiet so groß wie ganz Mexiko. Die nährstoffarmen, feuchten Böden sorgen für niedrig bewachsene Landschaften und schaffen hier die artenreichste Savanne der Welt.

Fünf Prozent aller Arten weltweit kommen hier vor.

5.000 Pflanzenarten sind hier ›endemisch‹, das heißt, sie existieren nirgendwo anders. 200 Säugetierarten und 840 Vogelarten leben in der Region. Darunter der Riesentukan, der stark gefährdete Kronenbussard und der vom Aussterben bedrohte **NANDU**. Vermutlich gibt es auch noch unzählige unbekannte Arten. Forscher:innen gehen davon aus, dass wir im Cerrado Pflanzen- und Tierarten verlieren werden, bevor wir sie überhaupt entdecken konnten. Denn obwohl es ein Hotspot der Artenvielfalt, ein enormer Kohlenstoffspeicher und der wichtigste Wasserspeicher Südamerikas ist (auch der Amazonas speist sich aus dem Gebiet), wird das Terrain gerade großflächig für die Landwirtschaft zerstört. Seit 2008 wurden 105.000 Quadratkilometer gerodet, relativ zu ihrer Größe verschwindet die Cerrado-Region dadurch viermal schneller als der Regenwald.

DIE ANDEREN VÖGEL

Das Soja, für das wertvolle Naturräume vernichtet werden, landet unter anderem in Hühnermastbetrieben. Und auch abgesehen davon kann man eigentlich kein Buch über Vögel schreiben, ohne über Hühner zu sprechen.
Evolutionär betrachtet, ist das Haushuhn die mit Abstand erfolgreichste Vogelart. Schätzungsweise über 22 Milliarden Individuen dieser Art bevölkern unseren Planeten – fast dreimal mehr, als es Menschen auf der Erde gibt.

Gleichzeitig gibt es aber keine andere Vogelart, von der jährlich derart viele Tiere sterben. 70 Milliarden Individuen sind das aktuell pro Jahr. Das liegt daran, dass die meisten Hühner nur ein paar Wochen zu leben haben, bevor sie für die Lebensmittelindustrie geschlachtet werden.
Neben Gänsen, Enten und Puten sind Hühner die Vögel, die wir gemeinhin als ›Geflügel‹ bezeichnen und für unsere Zwecke nutzen – hauptsächlich für Fleisch und Eier. Und der Appetit auf Hühnervögel wächst: 2024 wird der globale Konsum von Hühnerfleisch erstmals bei 100 Millionen Tonnen liegen. Die Lebensbedingungen der gezüchteten Hochleistungsvögel sind katastrophal. Eng gedrängt und mit teils entzündeten Füßen oder gebrochenem Brustbein leiden sie ihr ganzes kurzes Leben lang.

HAUSHÜHNER sind sehr intelligente Vögel. Sie haben ein Ich-Bewusstsein, ein sehr gutes Gedächtnis und eine ausgeklügelte Kommunikation. Sie können rechnen, sich in andere hineinversetzen und haben ein Verständnis von Zukunft.

Ein Lebensraum für Viren

Auf Hochleistung gezüchtete Tiere haben oft kein besonders gutes Immunsystem. Dazu kommen Stress, Enge und schlechte Luft. Krankheiten können sich hier schnell verbreiten. Und obwohl der Einsatz von Antibiotika in der Tierhaltung seit einigen Jahren reduziert wird, ist er immer noch üblich. Das ist weiterhin sehr problematisch und kann dazu führen, dass Bakterien resistent werden. Folglich würden Antibiotika auch bei Menschen nicht mehr wirken. Was eine zunehmende Gefahr für die öffentliche Gesundheit ist.

Auch die Sorge vor mutierenden Vogelgrippeviren ist präsent, besonders nach unserer letzten Pandemie-Erfahrung. Der Vogelgrippe-Typ H5N1, der sehr schwere Krankheitsverläufe verursacht, hat sich im 20. Jahrhundert in der Massentierhaltung entwickelt. Vermutlich findet auch die weltweite Ausbreitung dieses Typs unter anderem durch die Geflügelindustrie statt.

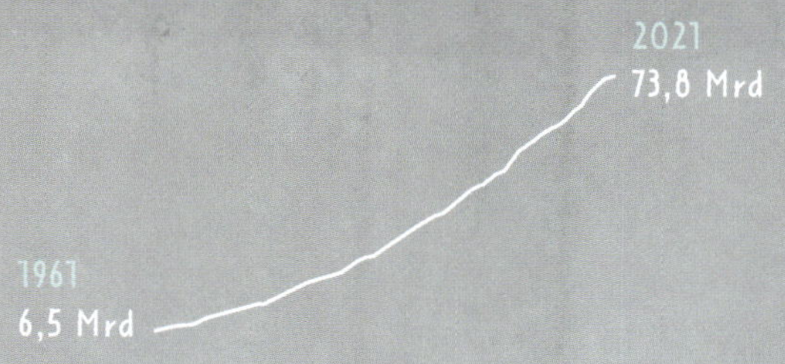

Eine dramatische Kurve: die weltweite Anzahl an jährlich geschlachteten Hühnern.

Viele Tiere auf engem Raum bieten Krankheitserregern ideale Bedingungen.

In den letzten Jahren hat sie eine beunruhigende Entwicklung vollzogen. An walisischen Stränden wurden 2023 Hunderte Trottellummen, Tordalken und Basstölpel angeschwemmt. Tausende Lachmöwen und Brandseeschwalben verendeten an norddeutschen Küsten. Das Drama setzt sich entlang der Nahrungskette fort, betrifft Seehunde in Deutschland, Robben in den USA und Seelöwen in Peru. Selbst in die Antarktis hat es das Virus schon geschafft und droht dort eine Umweltkatastrophe auszulösen.

Und auch unter Haustieren konnte es nachgewiesen werden, in seltenen Fällen infizierten sich Menschen. Das Virus rückt uns immer näher. Im Oktober 2022 gab es einen Ausbruch auf einer spanischen Nerzfarm, der auf besorgniserregende Weise zeigt, dass sich das Virus mittlerweile angepasst hat und sich auch von Säugetier zu Säugetier verbreiten kann.

Wenn wir das Risiko neuer Pandemien verringern wollen, dürfen wir Tiere nicht auf engem Raum halten. Und wir müssen Wildvögeln wieder mehr Lebensraum zugestehen. Beides setzt allerdings voraus, dass wir künftig deutlich weniger – oder besser gar keine – Tierprodukte essen.

REISEN OHNE RÜCKKEHR?

Zugvögel gehören zu den Tieren, deren Populationen weltweit besonders stark zurückgehen. Das ist kein Wunder: Sie legen Tausende an Kilometern zu ihren Brutgebieten zurück, sind durch diesen Kraftakt besonders anfällig und treffen auf ihrer Reise auf viele menschengemachte Hürden. Je weiter die Vögel ziehen, desto größer steigt die Chance, dass ihnen mehrere dieser Gefahren begegnen. Einige Gründe, weswegen viele Zugvögel ihr Ziel nie erreichen, werden hier vorgestellt.

Gefährliche Barrikaden

Auf ihrer Reise begegnen Zugvögel verschiedenen menschlichen Infrastrukturen, die eine tödliche Gefahr sein können, darunter Stromleitungen, Windkraftanlagen und allen voran Glasfassaden und Fenster, die für Vögel nahezu unsichtbar sind.

Allein in den USA sterben geschätzt rund 600 Mio. Vögel jährlich durch Glas. Stark betroffen ist zum Beispiel der **KLETTERWALDSÄNGER.**

Helle Nächte

Viele kleinere Singvögel wie Fitis, **ZILPZALP** oder Mönchsgrasmücke ziehen nachts im Schutz der Dunkelheit. Dabei orientieren sie sich an den Sternen. Durch nächtliche Dauerbeleuchtung von Städten und Industrien können sie die Orientierung verlieren.

Schwindende Räume

Auch wenn sie Meister der Lüfte sind: Auf langen Reisen sind Pausen unerlässlich. Zugvögel sind dafür auf sichere Rastplätze angewiesen. Der Verlust von Naturräumen durch Einfluss des Menschen ist eine große Gefahr. Besonders Feuchtgebiete, die zentral auf den Flugstrecken liegen, sind wichtig für viele Zugvögel.

Das Saemangeum, ein ehemaliges Wattenmeergebiet in Südkorea, wurde 2006 für Landwirtschaft und Industrie eingedeicht. Es war ein wichtiges Rastgebiet für Zugvögel auf der Route zwischen Australien und Ostasien.

Der **GROßE KNUTT** reist jedes Jahr von seinem Brutgebiet in Sibirien nach Australien, um dort zu überwintern. Er gilt als stark gefährdet, besonders aufgrund des Verlustes von Rastplätzen in Südkorea und China.

Auf dem Weg in ihr Winterquartier legen **STÖRCHE** eine Strecke von bis zu 10.000 Kilometern zurück.

Schmale Korridore

Große Zugvögel wie der Storch sind auf warme Thermiken angewiesen und können den Ozean nicht so leicht überfliegen. Sie nutzen daher häufig Meerengen wie den Bosporus, wo sich viele Vogelschwärme den Luftraum teilen müssen. Die auf dieser Seite genannten Störfaktoren haben an solch relevanten Orten besonders starke Auswirkungen.

Die seltene **ZWERGGANS** leidet darunter, dass sie der stark bejagten Blässgans recht ähnlich sieht. In Deutschland ist sie vom Aussterben bedroht.

Jagd

Die Jagd nach Vögeln ist immer noch weit verbreitet. Allein im Mittelmeerraum werden jedes Jahr rund 25 Millionen Zugvögel illegal geschossen. In Deutschland werden jährlich Tausende Greifvögel und Eulen illegal getötet. Legal ist hier nach wie vor die Jagd auf sogenannte Wildgänse wie zum Beispiel die **BLÄSSGANS**.

Klima

Der Klimawandel führt zu komplexen Veränderungen, die zum Teil noch nicht vorhersehbar sind. Zugvögel verändern ihre Routen, aber nicht alle können sich schnell genug anpassen. So kommt es vor, dass der Rhythmus zwischen Brutzeit und Insektenaufkommen nicht mehr zusammenpasst und die Vögel schlicht zu spät kommen.
Der arktische Frühling beginnt mitterweile zwei Wochen früher. Allein diese kleine Differenz führt dazu, dass die großen Mückenschwärme bereits zurückgehen, wenn der **KNUTTSTRANDLÄUFER** nach seiner 4000 Kilometer langen Reise dort ankommt. In Folge werden seine Nachkommen kleiner und entwickeln kürzere Schnäbel – wodurch sie Probleme bei der Futtersuche bekommen.

LEERE MEERE

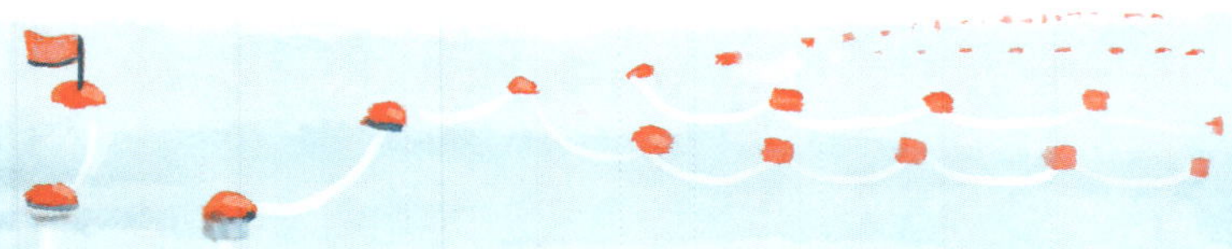

Leider haben Tiere und Ökosysteme auch weit draußen im offenen Meer und tief unten im Ozean keine Ruhe. Mit Ködern und Haken versehene Kunststoffleinen – von jeweils bis zu unglaublichen 130 Kilometern Länge – ziehen sich durch die Meere. Mit Köderhaken fangen sie Thunfisch, Kabeljau und Schwarzen Seehecht.
Doch die angebrachten Köder, oft Makrelen oder Tintenfische, locken nicht nur die gewünschte Beute an. Da sie nah an der Oberfläche treiben, werden sie zur tödlichen Falle für jährlich mehr als 160.000 Seevögel. Viele Arten von Albatrossen sind unter anderem dadurch mittlerweile vom Aussterben bedroht.

Wie Netze Netzwerke zerstören

Rochen und Haifische durchstreifen seit 450 Millionen Jahren die Meere und haben fünf Massenaussterben überlebt. Nun schaffen es die Fischindustrie und der illegale Fischfang, viele dieser Arten an den Rand der Ausrottung zu bringen. In den vergangenen 50 Jahren gingen ihre Bestände um 71 Prozent zurück.

Nicht nur die direkte Bejagung setzt ihnen zu. Monströse Schiffe, doppelt so groß wie Jumbo-Jets, ziehen riesige Schleppnetze hinter sich her und hinterlassen eine Spur der Zerstörung. Haie, Rochen und andere Arten sterben in ihnen regelmäßig als ›Beifang‹. Seit Mitte des 20. Jahrhunderts sind 90 Prozent aller Jäger aus den Meeren verschwunden.

Beutegreifer sind ungeheuer wichtig für Ökosysteme (siehe S. 42). Fehlende Spitzenprädatoren können auch im Meer einen sogenannten ›Kaskadeneffekt‹ auslösen: Kleinere Raubtiere vermehren sich stärker und fressen mehr Fische, was zu einem weiteren Rückgang der Artenvielfalt im Meer beitragen kann.

Der **WANDERALBATROS** verbringt fast sein gesamtes Leben auf offenem Meer.

Auf den Spuren der Elemente

Von oben betrachtet wirkt das Meer für uns wie eine völlig einheitliche Landschaft. Auf dem Grund hingegen gibt es genauso vielfältige Gebirge und Täler wie an Land. Auch die Zusammensetzung chemischer Elemente ist in verschiedenen Meeresregionen unterschiedlich. Wo Meereswasser aus der Tiefe emporsteigt, entwickeln sich durch verfügbar gemachte Nährstoffe Hotspots der Artenvielfalt, die sich anhand ihres Nährstoffprofils voneinander unterscheiden.

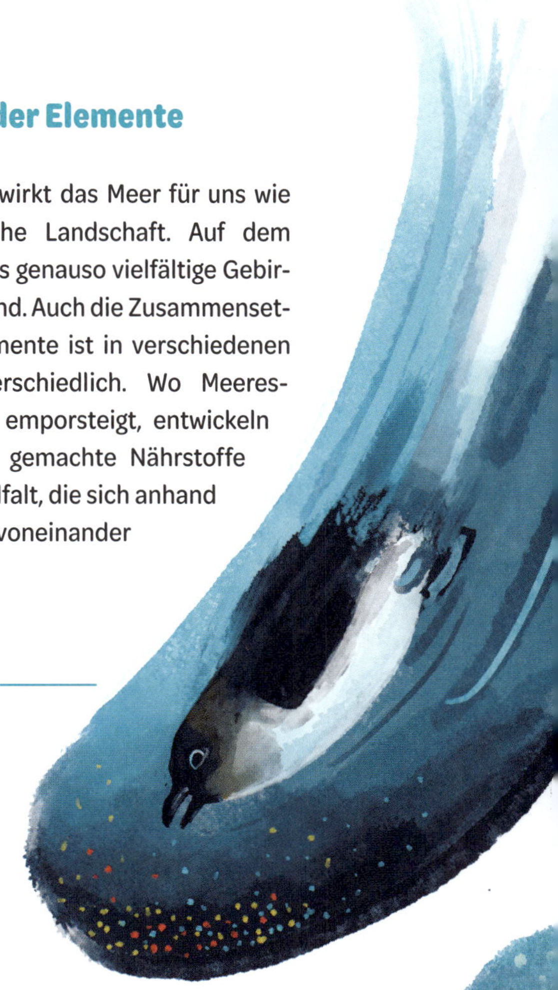

Der **LUMMENSTURMVOGEL** ernährt sich von Plankton und scheint bestimmte Gebiete im offenen Meer als Nahrungsquelle zu bevorzugen.

Grundschleppnetze zerstören Lebensräume am Meeresgrund und töten unzählige Meerestiere. Und sie setzen große Mengen an CO_2 aus den Böden frei und treiben damit den Klimawandel an.

Australische Forscher:innen stellten kürzlich fest, dass sich diese Nährstoffprofile auch an den Federn von Vögeln ablesen lassen. Möglicherweise suchen diese spezifische Regionen mit bestimmten Mikronährstoffen gezielt auf. Dieses Wissen könnte dabei helfen zu entscheiden, welche Meeresgebiete einen besseren Schutz brauchen.

Denn wie alles andere im Meer sind die artenreichen Nährstoff-Hotspots mit ihren besonderen Spurenelementen durch die industrielle Fischerei, Abwasser- und Plastikverschmutzung sowie den Klimawandel bedroht. Umso dramatischer, wo wir gerade erst lernen, dass Vögel und Meerestiere vielleicht von der Verfügbarkeit von Spurenelementen und damit ganz bestimmten lokalen Hotspots im Meer abhängig sind.

UNTERWASSERWALD

Den meisten Menschen ist die ökologische Bedeutung artenreicher Regenwälder geläufig. Viel unbekannter sind Wälder unter Wasser – wahrscheinlich auch deshalb, weil sie für uns so unsichtbar sind. Dabei sind Kelpwälder auf der ganzen Welt verbreitet, von Alaska bis zur Antarktis. Sie bevorzugen klares, kühles und nicht zu warmes Wasser und machen fast 40 Prozent der weltweiten Küstengewässer aus. Bestehend aus Riesentang, Braun- und Rotalgen bieten die Wälder vielen Arten einen Lebensraum. Wie vielen genau, weiß man nicht. Wissenschaftler:innen gehen davon aus, dass sich in Kelpwäldern möglicherweise noch Tausende unentdeckte Arten verstecken. Sicher ist jedoch die Bedeutung der Unterwasserwälder für Seevögel. Denn sie sind Brutstätte und Lebensraum einer Vielzahl an Fischen, von denen sich die Vögel ernähren.

Besonders der Riesentang scheint die Artenvielfalt florieren zu lassen. Durch seinen Schatten hemmt er das Mikroalgenwachstum und fördert das Leben von Fischen und anderen Tieren am Ozeanboden. Doch die sensiblen Ökosysteme sind zahlreichen Bedrohungen ausgesetzt.

Ungeahnte Wechselwirkung

Wer hätte einen solchen Zusammenhang erahnen können: Je mehr Otter es gibt, desto häufiger bestehen Adlernester aus Seetang. Denn durch die Otter, die Seeigel in Schach halten, gibt es insgesamt mehr Kelpwald. Für die Vögel ist das ein nützliches Nistmaterial, besonders, wenn Bäume knapp sind. Verschwinden Kelpwälder zunehmend, stellt der Adler nicht nur sein Baumaterial um, sondern auch seine Nahrung. Mit einem Rückgang von Kelpwäldern und dem damit einhergehenden Schwund an Otter- und Fischbeständen macht er verstärkt Jagd auf Seevögel.

Erste Schritte

Auch und besonders wegen der Bedeutung von Kelpwäldern für Seevögel haben Umweltminister:innen der Nordostatlantik-Anrainerstaaten (OSPAR-Staaten) im Jahr 2021 den Schutz von Kelpwäldern erstmals in das gemeinsame Meeresschutzabkommen aufgenommen. Ein wichtiger Schritt. Aber wir müssen auch den voranschreitenden menschengemachten Klimawandel eindämmen, um Kelpwälder zu schützen, da sie kühle Wassertemperaturen zum Überleben brauchen.

ÜBER SALZ UND SCHLAMM

ROTSCHENKEL brüten in Salzwiesen und sind sehr standorttreu. Sie werden im Durchschnitt bis zu 17 Jahre alt.

Ob als Rastplatz oder Brutgebiet: Küstenfeuchtgebiete wie Wattenmeere und Salzwiesen sind für viele Vogelarten von unschätzbarem Wert.

Das Wattenmeer der Nordsee ist das größte Watt der Welt und ein UNESCO-Weltkulturerbe. Zehn bis zwölf Millionen Vögel nutzen es jedes Jahr. Darunter auch der **ALPENSTRANDLÄUFER**, der in der baumlosen Tundra des hohen Nordens brütet, und sich für seine lange Reise in den Süden an der Nordseeküste sein lebensnotwendiges Fettpolster anfrisst. Aufgrund des reichhaltigen Lebens, das sich im Watt tummelt, klappt das sehr gut: Er ist 70 Prozent schwerer, wenn er das Watt wieder verlässt.

Geschütztes Wachstum

Salzwiesen bilden im Wattenmeer-Raum den Übergang zwischen Wasser und Land. An den norddeutschen Küsten entsprechen sie gegenwärtig etwa der Fläche von Düsseldorf. Sie stehen unter Naturschutz, und ein Großteil wird mittlerweile auch nicht mehr beweidet, sodass die Pflanzen ungehindert gegen die Fluten anwachsen können. Viele Vögel profitieren von der fehlenden Beweidung und dem dadurch größeren Angebot an Insekten. So zum Beispiel der **AUSTERNFISCHER**.

Der Prächtige Salzkäfer weidet an mikroskopisch kleinen Algenmatten an der Bodenoberfläche. Für schlechte Zeiten lagert er stets einige Algen in seinen unterirdischen Wohnröhren.

Geordneter Rückzug

Seit Jahrhunderten haben Menschen an den Küsten versucht, dem Meer Land abzugewinnen und die Küsten vor Überflutungen mit hohen Deichen zu schützen. Viele natürliche Küstenlandschaften sind dadurch verloren gegangen.
Jetzt, wo der Meeresspiegel und damit die Gefahr von Hochwasser durch den Klimawandel drastisch steigt, gibt es überall auf der Welt Überlegungen, Deiche zurückzubauen und stattdessen Küstenfeuchtgebiete als natürliche Pufferzonen einzusetzen – ein sogenannter *Managed Retreat*, auf deutsch etwa ›geordneter Rückzug‹.

Die feuchten Böden der Salzwiesen können viel Wasser aufnehmen, und die Pflanzen bremsen Fluten ab. Da die Böden durch angeschwemmtes Material jährlich etwas höher werden (ca. 1 cm) könnten sie, sofern sie wieder ausreichend Platz im Landesinneren bekommen, auch bei steigendem Meeresspiegel weiterhin Schutz bieten. Die Vögel würden sich freuen. Und auch für das Klima wäre es besser, denn anders als Deiche können die Böden der Salzwiesen viel CO_2 speichern.

LASST DIE FLÜSSE FREI

Der **PIROL** ist durch den Verlust von naturnahen Auwäldern gefährdet.

Die meisten Flüsse in Deutschland haben wir gezähmt. Sie sind begradigt, gestaut, versandet, tiefergelegt oder künstlich gebaut, sodass wir kaum mehr wissen, wie sie eigentlich mal ausgesehen haben.
Dabei bilden wilde Flüsse wichtige und vielfältige Habitate. Wenn man sie lässt, sind sie in ständigem Wandel und gestalten ihre Umgebung. Und das ist ungeheuer wichtig für die Biodiversität. Sie schwellen an zu reißenden Wassern oder ebben ab zu kleinen Sickergruben, teilen sich in verschiedene Flussarme und wachsen wieder zusammen. Die Landschaft, die an Gewässer grenzt, muss daher mit Überschwemmungs- und Trockenphasen leben. Diese Zone nennt sich Aue. Sie bietet vielen spezialisierten Arten einen wichtigen Lebensraum. Doch sie ist sehr selten geworden, weil es kaum mehr frei fließende Flüsse gibt.

Ufernahe Vegetation steht regelmäßig unter Wasser. Sie wird als Weichholzaue bezeichnet.

Der **EISVOGEL** ist perfekt an die Dynamik wilder Flüsse angepasst und braucht saubere Gewässer.

Auch unter Wasser tummelt sich eine kaum bekannte Vielfalt – Tiere, die wir Menschen in der Regel nicht zu Gesicht bekommen. Fische und Kleinstlebewesen füllen jeden Hohlraum zwischen den Kieselsteinen und profitieren von den besonderen Eigenschaften der Flussauen: Anders als bei begradigten Flüssen, können diese das Flussbett verändern und den Grund durch ihre vielen Bewegungen und Strömungen selber regelmäßig von Ablagerungen reinigen.

Die **WALDOHREULE** mag Wälder mit offenen Flächen.

Etwas entfernt vom Ufer, wo Flüsse die Vegetation bei Hochwasser nur noch selten überfluten, entstehen Hartholzauen. Diese Wälder müssen damit leben, etwa zweimal im Jahr überschwemmt zu werden. Typische Bäume sind Stieleiche, Feldulme und Esche. Durch ihr besonderes Klima, viel Totholz, Kletterpflanzen und Sträucher sowie ihre reiche Artenvielfalt kann man sie eher mit tropischen Feuchtwäldern vergleichen als mit klassischen europäischen Laubwäldern. Sie sind Lebensraum für zahlreiche Insekten, Amphibien, Reptilien und Vögel, für Biber, Otter und Wasserfledermaus. Leider zählen Hartholzauen zu den am stärksten gefährdeten Biotopen Mitteleuropas. Denn wo gewähren wir Flüssen noch so viel Platz?

Auen sind wahre Allroundtalente für die Umwelt. Sie schützen vor Hochwasser, bilden Grundwasser, filtern Schadstoffe und binden Kohlenstoff.

Dem Wildwasser Raum geben

92 Prozent der Gewässer- und Auenlandschaft in Deutschland befinden sich in keinem guten Zustand.

Dass Menschen Flüsse und ihre Ufer verändert haben, ist nachvollziehbar: So konnten effizientere Wasserstraßen entstehen, Uferregionen bebaut und beackert und mit Wasserkraft Strom erzeugt werden. Auch beispielsweise an der Elbe sind heute 80 Prozent der Auen zerstört. Doch was lange scheinbar hinderliche Feuchtgebiete waren, erscheint angesichts des Artensterbens in einem anderen Licht: Wir brauchen dringend Auenlandschaften mit sich frei in ihnen bewegenden Flüssen, denn unzählige Arten sind von ihnen abhängig. Und Auen sind auch für uns eine existenzielle Rückversicherung angesichts von Starkwetterereignissen und Trinkwassermangel im Zuge des Klimawandels.

Aber es gibt auch gute Nachrichten: Bei einem Naturschutzgroßprojekt des WWF wurden Deiche auf über sieben Kilometer Länge zurückverlegt und ein Teil der Mittleren Elbe darf sich seit 2019 in 600 Hektar Auenwald wieder frei entfalten. Biber, Otter und Adler sind zurückgekehrt.

Natürlicher Schutz: Wo sich die Elbe frei bewegen kann, sinkt der Hochwasserspiegel um bis zu 28 Zentimeter.

ES LEBE DAS TOTHOLZ

Es ist kühl und feucht. Licht schimmert durch sattgrüne Baumkronen. Der Duft von Harz, Walderde und feuchtem Moos liegt in der Luft. Der Boden ist weich und federnd und in der Ferne klopft ein Specht.
Alte, naturbelassene Laub- und Mischwälder haben ihren eigenen Zauber. Und sie sind von großer Relevanz: Sie spielen eine zentrale Rolle in der Sauerstoffbildung, speichern Kohlenstoff, bilden Grundwasser und reinigen die Luft. Mit ihren vielfältigen Strukturen bieten sie Lebensraum für zahlreiche selten gewordene Tierarten wie Wildkatze, Haselmaus, Bechsteinfledermaus, Feuersalamander, Laubfrosch und Hirschkäfer.

Der **GRAUSPECHT** benötigt ausreichend großen Wald (mindestens 200 Hektar) mit viel Totholz.

Eine ganz besondere Rolle spielt das Totholz. Denn anders als sein Name vermuten lässt, wimmelt es hier vor Leben. Ein Viertel der Waldtiere ist direkt von Totholz abhängig. Dank seines Wassergehalts bewahrt es den Boden vor dem Austrocknen und verbessert das Mikroklima.

Der Rindenschröter ist ein klassischer Bewohner alter Urwälder und benötigt verrottendes Totholz für seinen Nachwuchs. Er ist in Deutschland vom Aussterben bedroht.

Der Veränderliche Edelscharrkäfer ist auch ein solches Urwaldrelikt und stark vom Aussterben bedroht.

Jeder Wald ist weltweit einzigartig – aufgrund seiner besonderen Standortbedingungen, den vorkommenden Baumarten und der spezifischen Zusammensetzung unterschiedlicher Tierarten.

Spechte und viele Insekten sind ›holzaufschließende‹ Tiere, die Pilzen den Zugang zum Holz ermöglichen, indem sie Rinde entfernen. Die Pilze wiederum erschließen Tieren bei der Zersetzung Wohnräume.

Um Wälder im Klimawandel zu erhalten, müssen sie sich bei Stürmen und Trockenheit selbst helfen können. Das gelingt durch wiedervernässte Waldmoore, Baumgesellschaften unterschiedlichen Alters, Totholz, Lichtungen und hohen Artenreichtum. Mit Käfern und Würmern, mit Vögeln, die Insekten fressen, und Wölfen und Luchsen, die Pflanzenfresser in Schach halten. Wenn die Trockenheit lichte Stellen schafft, könnten diese frei gelassen werden, um die Strukurvielfalt zu unterstützen. Zerfall und Verjüngung sind grundsätzlich natürliche Phasen in Wäldern. Viele Arten profitieren von lichteren Wäldern. Und umgeben von gesundem Wald können junge Bäume leichter nachwachsen.

Der **SCHWARZSTORCH** braucht große Laubwälder mit uralten Bäumen für seine Nester. Wenn er auf jüngere Bäume ausweichen muss, kann es geschehen, dass die schweren Nester zu Boden fallen.

Nur **3,1 PROZENT** aller Wälder in Deutschland können sich ohne menschliche Eingriffe entwickeln.

Laut Biodiversitäts-Strategie der EU sollten das mindestens **ZEHN PROZENT** sein.

Doch auch bewirtschaftete Wälder können wertvolle Biotope sein. Dafür sollte immer etwas Totholz im Wald verbleiben, Höhlenbäume und besonders alte Bäume stehen gelassen werden. Der weiche, lockere Boden mit seinem reichen Leben und wertvollem Pilzmyzel sollte geschützt und schonend behandelt werden. Mit sogenannten ›Altholzinseln‹ können auch in Wirtschaftswäldern naturnahe Oasen entstehen.

Aber selbst in streng geschützte Wälder greifen wir indirekt ein: Luftschadstoffe aus Verkehr, Landwirtschaft und Industrie setzen sich als Stickstoffverbindungen in Wäldern ab, auch weit entfernt von ihrer Quelle. Dadurch versauern Böden und einzelne Pflanzen verdrängen die pflanzliche Vielfalt. Aus Böden mit mehr Stickstoff waschen wertvolle Mineralstoffe schneller aus. Bäume bilden weniger Wurzeln und werden anfälliger für Stürme. Mykorrhiza-Pilze verringern sich – und mit ihnen ihre wichtigen Funktionen für Bäume.

Auch für unsere Wälder ist eine Mobilitäts-, Energie- und Landwirtschaftswende dringend nötig. Alles hängt zusammen.

DAS IST DOCH DER GIPFEL

Eisiger, schneidender Wind fegt über felsige Gipfel. Das Hochland ist auf den ersten Blick eine unwirtliche Gegend. Man könnte sogar meinen, dass es die Tiere der Berge freuen dürfte, wenn es dort durch den Klimawandel etwas wärmer wird. Schließlich müssten sie dann weniger Energie aufbringen, um sich warm zu halten.

Tatsächlich sind die kalten Hochgebirgsregionen oberhalb der Baumgrenze, die den Winter über mit dickem Schnee bedeckt sind, aber ein wichtiger Lebensraum für besonders spezialisierte Arten. Darunter eiszeitliche Relikte wie Alpenmurmeltier, Gletscherweberknecht oder das fleischfressende Alpen-Fettkraut.
Auch Schneehühner sind perfekt an die baumlose Landschaft mit ihren eisigen Winden angepasst. Bei wärmerem Wetter wird es ihnen im Sommer nicht nur viel zu warm, es verändert sich auch die Vegetation im Gebirge.

Frost durch fehlenden Schnee

Heidelbeeren, Alpenrosen und Zwergweiden, von denen sich Schneehühner im Sommer ernähren, brauchen eine dicke schützende Schneedecke, um den Winter zu überstehen. Ironischerweise würde wärmeres Klima und die dadurch fehlende Isolierschicht des Schnees zu Kälteschäden an den Pflanzen führen. Bei wärmerem Klima verschiebt sich außerdem die Baumgrenze stetig nach oben. Und mit ihr kommen Füchse und Marder, für die die Vögel leichte Beute sind. Forscher:innen beobachten seit Längerem, wie Schneehühner jedes Jahr durchschnittlich sechs bis neun Meter weiter nach oben ziehen. Ihr Lebensraum schrumpft immer mehr zusammen – bis es dann am Gipfel nicht mehr weitergeht.

Die ganze Welt für ein Schneehuhn

Um die Welt der Schneehühner zu retten, muss der Schnee in den Bergen bleiben. Und das bedeutet, den menschengemachten Klimawandel so gut wie möglich einzudämmen und gegen jedes Zehntel Grad Erderwärmung zu kämpfen.
Doch auch der alpine Tourismus, Jagd und Wilderei gefährden die Schneehühner. Wenn wir in unserer Freizeit achtsamer in den Bergen unterwegs sind und den Bau neuer Lifte verhindern, können wir wichtige Lebensräume erhalten.

SÄNGER IM SEGGENROHR

Der **SEGGENROHRSÄNGER** ist akut vom Aussterben bedroht. Er braucht Seggenmoore mit niedrigem Bewuchs zum Überleben.

Moore hatten lange nicht den besten Ruf. Nebelverhangene Landschaften lockten Wanderer in die Irre, der sumpfige Boden schien alles zu verschlucken. Sie boten Stoff für Gruselgeschichten und galten als unbrauchbar und sogar gefährlich. Ihre Entwässerung und Aneignung für die Landwirtschaft war ein Triumph. Doch spätestens der Klimawandel verändert unseren Blick auf dieses einzigartige Ökosystem: Denn Moore sind mit ihren uralten Torfschichten die größten terrestrischen Kohlenstoffspeicher. Sie nehmen weltweit nur drei Prozent der gesamten Landfläche ein, enthalten aber ein Drittel des erdgebundenen Kohlenstoffes – doppelt so viel wie alle Wälder zusammen. Mit ihrer kühlenden Wirkung nehmen sie Einfluss auf das Klima ihrer Umgebung und verringern Verdunstung. Und Vögel brauchen Moore. Besonders Seggenmoore sind mit ihrem durchgehend hohen Wasserstand und der baumarmen Landschaft ein wichtiger Lebensraum für spezialisierte, selten gewordene Arten und europaweit bedroht.

In Mooren konnten sich viele spezialisierte Arten entwickeln. Sumpfheuschrecke, Zwerglibelle und **TÜPFELSUMPFHUHN** leben in Seggenmooren.

Durch den hohen Wasserstand dringt kein Sauerstoff in den Boden und Pflanzenreste werden nicht vollständig zersetzt, sondern als Torf für Jahrtausende im Boden konserviert.

Für die landwirtschaftliche Nutzung wurden fast alle Moore in Deutschland entwässert. Mit dauerhaftem Aufwand: Trockengelegt sacken Moore jährlich bis zu zwei Zentimeter ab, weil der Torf sich an der Luft zersetzt. Dadurch müssen sie ständig tiefer entwässert werden. Und tiefere Bodenschichten sind wasserundurchlässiger – für die Landwirtschaft eigentlich ungünstige Bedingungen.

Nasse Nutzung

Heute sind nur noch zwei Prozent der Moore in Deutschland intakt – mit dramatischen Folgen für Klima und Biodiversität. Es ist dringend notwendig, Moore wieder zu vernässen. Aber nicht alle Moore müssen unter Naturschutz gestellt werden: Auch auf nassem Moor kann Landwirtschaft betrieben werden, nur einfach ein wenig anders. Die Bewirtschaftung von nassen Mooren nennt sich Paludikultur. Das Torf bleibt erhalten, während Rohrkolben, Schilf oder Torfmoos für vielfältige und nachhaltige Nutzungen geerntet wird. Ein schönes Beispiel, wie menschliche Nutzung und Naturschutz zusammen gehen kann.
Hierfür ist es nötig, die Praxis der Paludikultur zu erforschen, zu vermitteln und lokal zu verankern. Es braucht Rahmenbedingungen und Anreize für Landwirt:innen, beispielsweise durch die Entwicklung von Kohlenstoffzertifikaten aus Moorwiedervernässung oder der Förderung wissenschaftlicher Forschung zu den Möglichkeiten der Paludikultur. Es ist vieles möglich – auf dass die Moore wieder nass werden!

WILDE WIESEN

Unternehmen wir eine kleine Zeitreise in die prähistorische Naturlandschaft. Ob Steppe, Savanne, Pampa oder Prärie: Offene Graslandschaften breiteten sich vor etwa 40 Millionen Jahren weltweit aus und wurden zu artenreichen Lebensräumen, an die sich viele Tiere anpassten. Sie prägten auch Teile der Natur Europas, wenngleich diese vornehmlich aus Wäldern bestand. Sogenannte Megaherbivoren hielten Landschaften durch ihre Wanderungen stellenweise offen und Bäume in Schach. Noch vor rund 12.000 Jahren zogen große Pflanzenfresser wie Mammuts und Bisons, Wollnashörner und Auerochsen, wilde Pferde und Riesenhirsche durch Europa.

Tiere auf naturnahen Weiden sind wenig rentabel für die Fleischproduktion, denn sie brauchen viel Platz. 2 bis 6 kg Fleisch im Jahr könnten wir in Deutschland wahrscheinlich pro Person essen: ein Fleischgericht alle zwei bis vier Wochen.

Grüne Monokulturen

Nach der *Over-Kill*-Theorie von Paul S. Martin waren Menschen schon damals für das Aussterben der großen Säugetiere verantwortlich. Menschen breiteten sich aus, rodeten Wälder und schafften Mosaike aus Äckern, Weiden und Wiesen. Offene Landschaften in Mitteleuropa werden seither fast nur noch durch Menschen erhalten – von ihren Nutztieren oder von Sensen und Mähmaschinen. Die Arten solch offener Landschaften florierten lange als Kulturfolger der Landwirtschaft.
Doch grün ist nicht gleich grün. Das meiste heute bewirtschaftete Grünland kann die Ökosysteme nicht ersetzen und ist auch nicht mehr mit alten Kulturlandschaften vergleichbar. Oft grast nur noch eine Art Wiederkäuer in zu großer Anzahl auf ihnen. Gebüsche und andere Strukturen fehlen, statt vielfältigen Gräsern und Wildkräutern wächst Hochleistungsgras. Es wird gedüngt, mit schweren Maschinen befahren oder zu oft gemäht. Fast alle Vögel, die in Wiesen brüten, sind heute gefährdet oder vom Aussterben bedroht.

Viele besondere Mager- und Feuchtwiesen sind für die Landwirtschaft unrentabel und sehr selten geworden.

Kultur versus Natur

Die meisten Flächen würden heute zu Wald werden, wenn wir sie in Ruhe ließen. Im Naturschutz stellt sich daher die Frage: Sollten wir bestimmte Kulturlandschaften auf Kosten wilder Natur für den Artenschutz erhalten?

Befragt man George Monbiot und seine Rewilding-Theorie, so lautet die Antwort: nein. Landschaften sollten sich möglichst zu ihrer jeweils standortgerechten Natur entwickeln können. In vielen Fällen wären das eben Wälder. Doch es könnten wieder Megaherbivoren ausgewildert werden, die ein natürliches und sich wandelndes Mosaik aus Wäldern und Offenland schaffen. Das wird seit einigen Jahren heiß diskutiert und ist sehr spannend. Aber bis Elche und Wisente hier wieder großflächig heimisch werden, könnte es noch etwas dauern.

Mehr zu Landschaften mit großen Pflanzenfressern auf Seite 94.

Es gibt auch natürliche Wiesen bei uns: darunter die Salzwiesen der Küste, Niedermoore, magere Trockenrasen oder Almwiesen oberhalb der Baumgrenze. Diese besonderen und oft sehr artenreichen Biotope sind bedroht und sollten unbedingt erhalten oder renaturiert werden.
Anderswo sind Wiesen und Weiden menschengemacht und können nur durch ständige Eingriffe bestehen. Doch wenn sie nährstoffarm und vielfältig sind, mit Büschen gesäumt oder durchsetzt sind und nur schonend bewirtschaftet werden, sind sie ein wichtiger Lebensraum für viele Vögel.
Naturnahe Wiesen werden nur zweimal im Jahr gemäht, Ende Juni und Ende September oder Anfang Oktober. Das ist wichtig, denn wird zu früh gemäht, haben sich die Jungvögel bodenbrütender Vögel noch nicht entwickelt. Außerdem fehlen die abgemähten Blüten den Insekten. Wird zu spät gemäht, können sich andere Pflanzen hingegen nicht rechtzeitig entwickeln. Ein Beispiel für eine wertvolle Kulturlandschaft schauen wir uns auf der nächsten Seite genauer an.

ARTENREICHE ERNTE

Eine besondere Art der Wiese ist die Streuobstwiese. Dabei handelt es sich um eine menschengemachte Kulturlandschaft, auf der viele unterschiedliche Nuss- und Obstbäume zusammen stehen. Die blühende Wiese darunter kann *extensiv* bewirtschaftet werden, das heißt, sie wird schonend gemäht oder von Tieren begrast. Die Böden werden nicht gedüngt, es werden keine Pestizide eingesetzt und alte Obstbäume können stehen bleiben, auch wenn sie kaum noch Früchte tragen.

Weil es aufwendiger ist, Streuobstwiesen zu ernten und sie weniger Ertrag bringen, sind sie seit den sechziger Jahren nach und nach aus unserer Landschaft verschwunden – und mit ihnen viele Tiere.

Der **WIEDEHOPF** findet hier noch Maulwurfsgrillen, Heuschrecken und Käfer, die durch industrielle Landwirtschaft selten geworden sind.

Der **WENDEHALS** ernährt sich überwiegend von Wiesenameisen, die warme, sandige Böden brauchen.

Dank der vielen Vögel erübrigt sich auf Streuobstwiesen jede ›Schädlings‹-Bekämpfung: Ein einziges Paar **KOHLMEISEN** frisst und verfüttert 35 bis 75 Kilo Insekten im Jahr.

Heute ist die große Bedeutung, die Streuobstwiesen in Mitteleuropa für unsere Biodiversität haben, anerkannt. Sie gelten sogar als »Europas kleine Regenwälder« und beherbergen neben Tausenden alter Obstbaumsorten über 5.000 Tier-, Pflanzen- und Pilzarten. Dennoch sind sie weiterhin stark gefährdet.

Wenn wir Artenvielfalt als einen ebenso wertvollen ›Ertrag‹ sehen wie die erzeugten Nahrungsmittel, wird der große Nutzen dieser Kulturlandschaft deutlich: Wir ernten Äpfel, Pflaumen, Birnen und Walnüsse, gewinnen aber auch Landkärtchen, Wiesenvögelchen, Ochsenauge und Mauerfuchs (allesamt Schmetterlinge), Steinkauz, Zauneidechse und Siebenschläfer. Und wir schaffen dadurch ein Paradies für selten gewordene Vögel.

In Deutschland gibt es aktuell noch etwa 300.000 Hektar Streuobstwiesen.

Unterschätzte Arbeiterinnen

Streuobstwiesen sind auch Lebensraum für viele Ameisen. Die wiederum bieten (eher unfreiwillig) Larvenstadien einiger Insekten in ihrem Nest Unterschlupf, darunter Feld-Grashüpfern, Kupfer-Rosenkäfern und verschiedenen Bläulingen (Schmetterlingen). Außerdem sind sie die wichtigste Nahrungsgrundlage für Wendehals und **GRÜNSPECHT.** Bis zu 2.000 Ameisen sammelt Letzterer mit seiner langen, klebrigen Zunge pro Tag. Und auch sonst sind Ameisen extrem nützlich für Ökosysteme, denn sie lockern Böden, bestäuben Blüten und verbreiten Saatgut. Es gibt 116 heimische Arten in Deutschland – etwa die Hälfte gilt aktuell als gefährdet.

DIE ÄCKER VON MORGEN

Mit Paludikultur und Streuobstwiesen haben wir bereits Konzepte kennengelernt, bei der Landwirtschaft und Naturschutz eng verbunden sind. Aber können wir diesen Ansatz auf die gesamte Landwirtschaft übertragen? Schließlich brauchen wir auch genug bezahlbare Lebensmittel für alle.

Eine zukunftsfähige Landwirtschaft, die gleichzeitig ausreichend Erträge bietet, erreichen wir nur mit Veränderungen auf mehreren Ebenen.

NEUNTÖTERN kann es schon helfen, mehr Sträucher und Büsche zwischen die Felder zu pflanzen.

Andere Spielregeln

Trotz einiger Schritte in die richtige Richtung werden mit der gemeinsamen Agrarpolitik der EU nach wie vor auch umwelt- und klimaschädliche Arten der Landwirtschaft subventioniert. Und statt freiwilliger Anreize und Empfehlungen wären Regelungen nötig, um Betriebe zum Schutz der Artenvielfalt zu verpflichten. Ausreichende und gezielte Subventionen sollten ihnen ermöglichen, wissenschaftlich empfohlene Naturschutzmaßnahmen umzusetzen – und nicht zuletzt sollten diese Maßnahmen regelmäßig kontrolliert werden. Das ergibt auch wirtschaftlich Sinn, denn die langfristigen Kosten, die für die Landwirtschaft und unsere ganze Gesellschaft durch Klimawandel und Biodiversitätsverlust entstehen, sind immens. Zudem wollen Landwirt:innen in der Regel gerne naturverträglicher arbeiten, aber es wird ihnen enorm schwer gemacht, aufgrund ungünstiger Regeln, falschen Förderungen und niedriger Marktpreise.

Räume gemeinsam nutzen und Platz schaffen

Bei der Suche nach einer naturverträglicheren Landwirtschaft stößt man auf zwei sich scheinbar widersprechende Ideen: Bei dem einen Konzept soll die Landwirtschaft durch ein sorgfältiges Austarieren zwischen Schutz und Nutzung gleichzeitig zum Lebensraum werden – so, wie beispielsweise bei den Streuobstwiesen. Dieses Konzept nennt sich ***land sharing*** (Land gemeinsam nutzen).
Der andere Ansatz sieht vor, die Landwirtschaft auf gut geeigneten Flächen zu optimieren und zu intensivieren, sodass anderswo weniger produktive Landwirtschaftsflächen aufgegeben und der Natur überlassen werden können. Dieser Ansatz nennt sich ***land sparing*** (Land einsparen). Der Fokus liegt hier auf einer insgesamt geringeren Flächennutzung, wodurch mehr ungestörte Wildnis entstehen könnte. Wahrscheinlich liegt die Lösung in einer Kombination beider Ideen.

Es gibt viele Kulturen, die sich gut fürs *land sharing* eignen. Im ersten Teil haben wir schon den bewaldeten Kaffeeanbau kennengelernt (S. 48). Bei der sogenannten Agroforstwirtschaft werden Gehölze mit Nutzpflanzen kombiniert, sodass auch Letztere davon profitieren. Gleichzeitig bringen die Bäume langfristig zusätzliche Erträge durch Früchte oder Holz. In Deutschland ist das Konzept noch nicht so verbreitet, doch auch hier leiden die Felder bereits unter der klimabedingten Trockenheit. Agroforste könnten die Landwirtschaft resilienter gegenüber der Klimakrise machen und nebenbei einen Beitrag zur Artenvielfalt leisten.

Auch für das *land sparing* gibt es gute Gründe. Manche Flächen sind für die Landwirtschaft einfach nicht so gut geeignet, dafür aber ökologisch wertvoll und wären als Naturschutzgebiete ›produktiver‹. Und die Biodiversitätskrise zeigt uns: Wir brauchen weltweit mehr Wildnis – und haben damit perspektivisch weniger Flächen für landwirtschaftliche Nutzung zur Verfügung.

Um Flächen aus der Landwirtschaft einzusparen gibt es viele spannende Konzepte, von nachhaltiger Intensivierung bis zu innerstädtischen Hydrokulturen. Doch es gibt auch einen enormen potenziellen Hebel, den wir nicht übersehen dürfen: den Ausstieg aus der Tierindustrie. Mit einer pflanzlichen Ernährung könnten Schätzungen zufolge weltweit 75 Prozent der landwirtschaftlichen Flächen eingespart werden. Und wenn wir die Nahrungsmittelproduktion bis 2050 auf eine rein pflanzliche Nahrung umstellen, ließen sich 330 bis 550 Gigatonnen CO_2-Äquivalent einlagern. Zum Vergleich: Die gesamten weltweiten Emissionen aus der Energieproduktion betrugen 2022 rund 15 Gigatonnen.

DAS EIGENE BIOTOP

Der **STIEGLITZ** liebt vertrocknete Blütenstängel von distelartigen Pflanzen wie der Wilden Karde oder der Skabiosen Flockenblume, aus denen er die Samen herauspickt. In den Blüten dieser Pflanzen entwickeln sich auch die Larven des Großen Distelrüsslers.

Und jetzt mal eine wirklich gute Nachricht: Während die Mühlen der Veränderung oft frustrierend langsam mahlen, können wir im Kleinen aktiv werden. Zwar lösen wir damit nicht die komplexen strukturellen Probleme, doch für die Tiere in unserer Nachbarschaft können wir durchaus etwas bewirken – sofern wir ein Stück Land, einen Kleingarten, einen Balkon oder eine öffentliche Grünfläche (mit-)gestalten können. Und für alle anderen gibt es das *Guerilla Gardening*!

Viele kleine Tiere leben innerhalb weniger Quadratmeter und für sie können wir die ganze Welt verändern. Mit Händen voll regionalem Saatgut, Bio-Pflanzen statt gespritzter Baumarkt-Ware, einem Steinhaufen und etwas liegengelassenem Totholz können wir kleine Biotope erschaffen. Je mehr Wirbellose wir bei uns haben, desto besser geht es unseren Böden und desto mehr Vögel und andere Tiere finden Nahrung. Ein Hoch auf die Unordnung, es lebe der krautige Widerstand!

Kornelkirsche statt Forsythie,
Liguster statt Kirschlorbeer,
Glockenblume statt Geranie!

Grundsätzlich gilt:
Bei der Pflanzenauswahl auf heimische Wildsorten zurückgreifen! Diese sind ökologisch verschränkt, das heißt, sie erfüllen meist mehrere, teils überlebenswichtige Funktionen für Tiere.

Die Glockenblumen-Scherenbiene ist auf Glockenblumen angewiesen. Nur in ihnen bekommen sie Pollen und Nektar und einen sicheren Schlafplatz. Schlechtes Wetter sitzt sie auch mal mehrere Tage in der Blüte aus.

Je mehr Dornen, desto besser: Der Weißdorn ist ein wunderbarer Nistbaum und sicherer Rückzugsort für kleine Vögel. Im Mai ziehen die Blüten zahlreiche Insekten an, und im Herbst bilden die Beeren eine wichtige Nahrungsquelle für Vögel. Auch Obstbäume sind eine gute Wahl im Garten.

In der Brutzeit sollte die Hauskatze nicht frei herumlaufen. Während Wildtiere in Abhängigkeit mit der Anzahl ihrer Beutetiere stehen, tötet eine satte Hauskatze oft Vögel im Spiel. Sie ist eine häufige Todesursache für Wildvögel.

Nützliche Helfer

Es ist nicht nur schön, Vögel im Garten zu beobachten und ihren Gesängen zu lauschen, sie sind auch noch außerordentlich nützlich: Viele Arten ernähren sich gerne von Insekten, die im Garten Schaden anrichten. So fressen sie neben Blattläusen und Wanzen auch die Raupen von Apfelwickler, Frostspanner und Buchsbaumzünsler. Beutegreifer wie Bussard, Sperber und Eule fangen Wühlmäuse, die sich gerne am selbst gezogenen Gemüse bedienen.

Doch auch wenn einige Tiere an unseren Lieblingspflanzen knabbern, dürfen wir nicht vergessen, dass der Garten nicht uns allein gehört. Wir haben uns so stark ausgebreitet, dass den Tieren oft nur noch diese kleinen Grünflächen als Rückzugsorte bleiben. Und sie wollen auch etwas essen. Je mehr uns die ökologischen Zusammenhänge bewusst sind, desto eher können wir erkennen, dass – ob Assel, Schnecke oder Maulwurf – alle Arten in unseren Gärten eine besondere Rolle spielen.

Schnecken sind wichtige ›Destruenten‹ und zersetzen organisches Material.

WOHNRAUM FÜR ALLE

Weltweit nehmen Städte etwa drei Prozent der Landfläche ein – und wachsen rasant. Bis 2033 soll sich die Fläche, die Städte weltweit einnehmen, Schätzungen zufolge verdreifachen – auf Kosten von Ackerflächen und natürlichen Lebensräumen.

Obwohl Städte dadurch zweifellos Mitverursacherinnen für den Rückgang der Artenvielfalt sind, bergen sie auch eine Chance: Während das Land angesichts enormer Agrarflächen ökologisch immer mehr verarmt, rücken uns die Wildtiere notgedrungen näher. Fledermaus, Specht und Dachs finden in grünen Großstädten noch letzte Refugien. Städte müssen also längst nicht nur uns Menschen dienen, sondern auch als Ersatz-Lebensräume für Pflanzen und Wildtiere herhalten.

Dabei sagt die reine Anwesenheit von Tieren in der Stadt aber nicht zwangsläufig etwas über die Qualität dieses Lebensraumes aus.

In Wien brüten Turmfalken beispielsweise häufiger in der Stadt, aber mit geringerem Erfolg als im Umland. Denn es gibt zwar attraktive Nistplätze, aber nicht genügend Nahrung. In solchen Fällen können Städte zu ›ökologischen Fallen‹ werden. Eine moderne Stadtentwicklung, die Wildtiere mitdenkt, sollte auch die Nahrungsnetze und Bedürfnisse der Tiere im Blick behalten.

Das Schöne: Geben wir nicht-menschlicher Natur mehr Raum in und um unsere Städte, profitieren wir auch selbst davon.

Fassadenbegrünung, Parks und Bäume haben direkte Effekte auf unsere Gesundheit, und zwar nicht nur, weil das schöner aussieht als grauer Beton und wir besser entspannen können: Bäume und Blätter filtern giftige Schadstoffe aus der Luft und schützen uns vor Krankheiten. Grüne Städte sind auch Teil des Konzeptes sogenannter ›*Sponge-Citys*‹, durch die Überschwemmungen abgemildert werden und Städte wieder einen natürlicheren Wasserkreislauf erlangen.
Darüber hinaus hat Vogelgesang einen nachweislich positiven Effekt auf unser Wohlbefinden. Uns geht es besser, wenn es um uns herum piept und zwitschert. Und sind die schrillen Rufe der Mauersegler am blauen Himmel nicht das ultimative Sommergefühl?

KLÄNGE DER HOFFNUNG

Der positive Einfluss von Vogelstimmen auf unser Wohlbefinden wurde bereits vielfach untersucht. Forscher:innen vom Max-Planck-Institut und dem Hamburger UKE fanden 2022 sogar heraus, dass Vogelgesänge bei uns Ängste und irrationale Gedanken verringern können. Das könnte daran liegen, das Vogelgezwitscher uns eine intakte natürliche Umgebung und die Abwesenheit akuter Bedrohungen suggeriert.

Die oft aufwendig eingeübten und weithin hörbaren Gesänge dienen natürlich vor allem den Vögeln selbst. Sie machen dadurch beispielsweise auf sich aufmerksam, wollen andere von sich überzeugen oder den Besitz ökologischer Ressourcen signalisieren. Inwiefern in ihren komplexen Gesängen noch mehr beabsichtigte Informationen stecken, als das Talent und die Dominanz der Sänger:innen (ja, auch viele weibliche Vögel singen!) zu signalisieren, ist nach wie vor nicht entschlüsselt.

Doch wir können trotzdem Informationen aus ihnen ziehen und ihre Gesänge für unsere ganz eigenen Schlussfolgerungen nutzen. Und das ist heutzutage wichtiger denn je.

Wenn sich in renaturierten Wäldern Ecuadors die ursprüngliche Vielfalt zurückentwickelt, rufen und singen unter anderem PURPURBRUST-AMAZILIE, ZAHNSCHNABELKOLIBRI und BINDENGRUND-KUCKUCK.

Mit dem Verlust zusammenhängender Wälder und Schutzgebiete nimmt auch die Vielfalt natürlicher Klänge ab.

Tropische Regionen am Äquator sind ein Hotspot der Biodiversität und ihre Renaturierung von besonders großer Bedeutung.

Mit Soundrecordern werden die Geräusche aufgezeichnet.

Wenn Wälder wieder singen

Vögel sind eng mit ihrer Umgebung und anderen Arten verbunden (siehe auch S. 52). In tropischen Wäldern gibt es Vögel in zahlreichen Konstellationen und auf unterschiedlichen räumlichen Ebenen, sodass die regionalen Klangbilder erstaunlich gute Rückschlüsse auf andere Arten und Strukturen zulassen. Eine internationale Forschungsgruppe hat sich das 2023 zu Nutze gemacht und unter anderem verlassene Kakaoplantagen im Norden Ecuadors untersucht, die sich wieder zu Wald entwickeln.

Die ganze Palette an Arten zu beschreiben, die in einem Gebiet vorhanden sind, ist extrem schwierig. Doch mit Hilfe der Geräusche des Waldes (darunter vor allem die Rufe und Gesänge von Vögeln, aber in geringerem Maße auch Geräusche von Amphibien und Säugetieren) kann ein sehr umfangreiches Bild über den Zustand der Biodiversität eines Ortes erstellt werden. Selbst die Bestände vollkommen stiller Nachtfalter können mit dieser Methode erfasst werden – einfach weil sie über gemeinsam genutzte Strukturen mit den Vögeln in einer Verbindung stehen. Wenn eine Konstellation an Vögeln tagsüber singt, dann flattern sehr wahrscheinlich auch ganz bestimmte Insekten durch die Nacht.

Um die Klänge verwerten zu können, wird der neuste Stand von Künstlicher Intelligenz genutzt, die die Aufnahmen autonomer Soundrecorder in den Wäldern analysiert und dabei selbstständig lernt. Das System wird stetig verbessert.
In Zukunft sollen auch in Deutschland Wälder mit dieser Methode beobachtet werden, so beispielsweise der Bayrische Wald, der älteste Nationalpark Deutschlands, mit einer 10.000 Hektar großen Fläche ungestörter Wildnis. Vielleicht ist es dann mittels der Vogelstimmen zukünftig noch einfacher, die Biodiversität einer Region zu messen und damit auch festzustellen, ob Renaturierungsprojekte funktionieren.

MUT ZUR WILDHEIT

Dank großer Pflanzenfresser wie dem Wisent kann im sibirischen Pleistozän-Park das hochproduktive Ökosystem der Eiszeit nachempfunden werden. Hier können die Wechselwirkungen von Wildnis erforscht werden. So hat sie einen kühlenden Effekt und bewahrt sogar die **PERMAFROSTBÖDEN**, deren Tauen katastrophale Klima-Kipppunkte in Gang setzen könnte.

Wer gerne ›in die Natur‹ geht, könnte zu dem Schluss kommen, dass wir ja immerhin noch von reichlich Grün umgeben sind. Aber diese Natur ist großteils menschengemacht: Sie ist begrenzt, gestutzt, angelegt und aufgeräumt. Gerade mal 0,6 Prozent der Fläche Deutschlands gelten als echte Wildnis, also als Gebiet ohne absichtliche Eingriffe. Zumindest fast. Denn selbst dort werden Tiere im Rahmen des ›Wildtiermanagements‹ gejagt.

Seit rund 200 Jahren gibt es geschützte Natur in Europa, allein in Deutschland haben wir aktuell fast 9.000 Naturschutzgebiete. Dennoch verschlechtert sich der Zustand der Biodiversität weiterhin kontinuierlich. Mit den Arten verlieren wir auch immer mehr komplexe „Interaktionsketten", wie Young und Co. sie im Pazifik erforscht haben (S. 18). Das liegt wahrscheinlich auch an dem mangelndem Schutz von Schutzgebieten. Beispielsweise ist in Meeresschutzgebieten der Nord- und Ostsee das private Angeln verboten, aber der Fischerei ist es erlaubt, sie mit riesigen Grundschleppnetzen zu durchpflügen. Autobahntunnel oder Erdgaspipelines dürfen mitten hindurch gebaut werden. An Land sind sie auf allen Seiten von Autobahnen, Schnellstraßen, Siedlungen oder Landwirtschaft umrahmt. Die Migration von Tieren und der genetische Austausch zwischen Arten wird verhindert.

Dabei sind funktionierende Schutzgebiete und echte Wildnis unglaublich wichtig, um das Artensterben aufzuhalten oder zumindest zu entschleunigen. Denn erst mit komplexen Netzwerken vieler Arten, die sich bedingen und gegenseitig in Schach halten, entstehen stabile und vielfältige Ökosysteme. Ein Netz ist immer stabiler, je mehr Knotenpunkte es hat.

Statt vereinzelter ›Inselhabitate‹ bedarf es zusammenhängender Wildnisgebiete, in denen wieder komplexe Interaktionen möglich sind. Dafür sind auch landschaftsgestaltende Pflanzenfresser und regulierende Beutegreifer unerlässlich.

Das holländische Oostvaardersplassen ist aus Versehen entstanden. Die Trockenlegung für ein Schwerindustriegelände misslang und das Gebiet wurde sich selbst überlassen. **GRAUGÄNSE** hielten die Vegetation niedrig, Vögel siedelten sich an. Später wurden Wildpferde, Hirsche und Heckrinder ausgesetzt. Kadaver werden nicht entfernt, wodurch sogar ein **MÖNCHSGEIER** gesichtet wurde. Heute ist es mit 250 Vogelarten eines der wertvollsten Feuchtgebiete Europas.

Noch ist es jedoch ein zu kleines Gebiet, um sich selber regulieren zu können. Die Tiere können bei Nahrungsknappheit nicht wandern. Und es fehlt der Wolf, um Bestände in Schach zu halten. Mit Korridoren in andere Schutzgebiete könnte sich das ändern.

Shifting Baselines

Unsere Vorstellung eines ›normalen‹ Artenreichtums wird oft von Erinnerungen aus der eigenen Kindheit geprägt: *Früher* gab es mehr Raupen in den Bäumen, mehr Lerchen auf den Feldern. Solche Referenzpunkte liegen allerdings nur wenige Jahrzehnte zurück und stammen aus einer Zeit, in der die Natur bereits stark verarmt war (wer erinnert sich schon an den Europäischen Waldelefanten?).
Gesellschaftlich gewöhnen wir uns Generation für Generation an eine Natur mit weniger Tieren. Man könnte auch sagen, unsere Vorstellungskraft verarmt. Wissenschaftler:innen sprechen hier vom *Shifting Baseline Syndrome*.

Neuer Reichtum

Wenn wir uns ein Bild von artenreichen Landschaften machen wollen, wie es sie auch früher in Europa gab, müssen wir wohl eine Safari in der afrikanischen Serengeti buchen. Stellen wir uns vor, wir hätten eine solche Fülle auch bei uns. Umwelt- und Klimabedingungen ließen es eigentlich zu, dass Elefanten durch Brandenburg ziehen. Aber es müssen ja nicht gleich die ganz großen Tiere sein: In einer Studie von 2023 errechnete ein Forschungsteam der Humboldt-Universität Berlin, dass es auch im engbesiedelten Deutschland den Raum gäbe, um zumindest Elche und Wisente wieder großflächig anzusiedeln. Erst wenn wir Vorstellungen davon zulassen, welcher Artenreichtum möglich wäre, wird deutlich, wie still und leer es geworden ist.

Wildnis in Deutschland kann CO_2 binden, vor Hitze und Dürre schützen, Trinkwasser aufbereiten, Forschung unterstützen und die Artenvielfalt bewahren.

Das Oder-Delta an der Küste zwischen Deutschland und Polen gilt als »Amazonas des Nordens«. Ungestört leben hier Adler, Elch, Luchs, Wolf und Biber und prägen eine vielfältige Landschaft. **BLAUKEHLCHEN**, **SINGSCHWAN**, Neuntöter und Wiedehopf können Seite an Seite leben. Für Zugvögel ist es ein wertvoller Rastplatz und hunderttausend Wasservögel überwintern hier. Auf polnischer Seite ziehen Herden großer Wisente durch die weiten Ebenen.

DIE KLAGE DER NATUR

Eine reiche Natur wie auf der vorigen Seite vorgestellt ist selten. Und auch letzte Refugien sind bedroht.

2022 ereignete sich in der Oder eine folgenreiche Umweltkatastrophe. Durch salzige Abwasser, die in den Fluss geleitet wurden, sowie Niedrigwasser und hohe Temperaturen als Folgen des Klimawandels entwickelte sich eine giftige Algenblüte und tötete Fische mit einer Masse von 400 Tonnen. Darunter zehntausende Störe – Vertreter einer Fischfamilie, die bereits 200 Millionen Jahre auf der Erde lebt und nur noch durch aufwendige Arterhaltungsprogramme am Leben gehalten wird. Biber und Adler verendeten. Das Ausmaß der Katastrophe ist noch unklar, die Fischbestände haben sich bislang nicht erholt. Im Gegenteil: Anfang 2023 stellten Ökolog:innen weiterhin hohe Konzentrationen an Kochsalz im Fluss fest, vermutlich, weil weiter Abwasser hineingeleitet werden.
Darüber hinaus plant Polen, basierend auf einem deutsch-polnischen Abkommen von 2015, einen großflächigen Ausbau der Oder für die Binnenschifffahrt. Der wichtige Flusslebensraum mit seinen Auenlandschaften würde vernichtet werden.

Angesichts der Tatsache, dass Millionen Arten bedroht sind und der Klimawandel immer dramatischere Ausmaße annimmt, erscheint es absurd, dass Naturräume weiter zerstört werden und keine ausreichenden Maßnahmen für ihren Schutz ergriffen werden. Was wir bräuchten, ist nichts Geringeres als einen gesamtgesellschaftlichen Wandel und ein neues Verhältnis zur Natur. Die Politik sollte dem Schutz von Klima und Biodiversität höchste Priorität einräumen. Alle gesetzlichen Regelungen, jede Förderung und jedes neue Projekt sollte mit diesen Zielen verträglich sein. Ein Mittel auf dem Weg dieser Transformation könnte ein Klagerecht der Natur sein.

Der Fluss als Subjekt

Ebenso wenig wie unser kapitalistisches Wirtschaftssystem oder der invasive Charakter der konventionellen Landwirtschaft, ist unser Rechtssystem in Stein gemeißelt. Im Gegenteil: Es ist gemeinsam mit unserer Gesellschaft in stetem Wandel. Tier- und Naturschutzgesetze haben sich bereits weiter ausdifferenziert. Doch unveräußerliche Rechte, vergleichbar mit den Menschenrechten, gibt es für die nicht-menschliche Welt bisher nicht. Die *Würde* der Natur ist antastbar. Das sollte sich ändern.
Ähnlich wie Kinder, die nicht selber klagen können, oder Firmen, deren Interessen als ›juristische Personen‹ von Anwält:innen vertreten werden, könnte auch die Natur eine Rechtsperson werden, deren Schutz von anderen eingefordert werden kann. Verbände könnten dann stellvertretend für den Fluss gegen seine Vergiftung klagen.
Selbstverständlich darf das die Industrie und Politik nicht aus der Verantwortung nehmen. Aber es würde uns ein nützliches Werkzeug an die Hand geben, um zu beanstanden und durchzusetzen, was Verantwortliche immer wieder versäumen: das Recht komplexer Ökosysteme auf Schutz vor Übernutzung und Zerstörung.

Was für uns noch ungewohnt klingen mag, ist anderswo bereits Realität. In Ecuador hat die Natur seit 2008 das Recht auf »Achtung ihrer Existenz und Erhaltung«. Indigene und Kleinbäuer:innen erkämpften kurz darauf in Bolivien ein ähnliches Recht, in dem es heißt: »Mutter Erde ist das lebendige, dynamische System, das aus der ungeteilten Gemeinschaft aller lebenden Systeme und lebenden Organismen besteht, die miteinander in Wechselbeziehungen stehen, aufeinander angewiesen sind, sich gegenseitig ergänzen und ein gemeinsames Schicksal teilen.« Als eines der radikalsten Umweltgesetze der Weltgeschichte trägt es endlich dem Glauben und der Sichtweise indigener Menschen Rechnung.

2017 wurde der kolumbianische Rio Atrato als erster Fluss zum Rechtssubjekt erklärt. Und auch in Europa gibt es erste Entwicklungen: Nach einer Umweltkatastrophe und zahlreichen Protesten erhielt die spanische Salzwasserlagune Mar Menor im Jahr 2022 als erstes europäisches Ökosystem den Status einer Rechtsperson.

Zwar sind das global betrachtet noch Ausnahmen, aber vielleicht kündigen sie den Wandel bereits an. Denn wo Wirtschaft und Politik nicht oder zu langsam handeln, muss der lebensnotwendige Erhalt von Arten und Ökosystemen von der Zivilgesellschaft und Umweltverbänden einklagbar sein. Was Mar Menor betrifft, so überwacht nun ein dreizehnköpfiges Komitee aus Behörde und Gesellschaft den Schutz der Lagune.

Das könnte auch unseren Blick auf die Welt verändern. Statt sie als einen Raum unendlicher Ressourcen zu sehen, erkennen wir Natur als das, was sie ist: ein ernst zu nehmendes und überlebenswichtiges System für alles Leben auf dieser Welt. Wenn wir vermehrt für sie einstehen, sehen wir uns vielleicht auch wieder als einen Teil von ihr.

AUFRUHR UND WIDERSTAND

Der **MITTELSPECHT** hat keine Ausweichmöglichkeit im Umland, wenn der Hambacher Wald komplett verschwindet.

Ohne funktionsfähige Ökosysteme haben wir keine Zukunft. Und wir haben die Grenzen der Belastbarkeit ökologischer Systeme bereits überschritten. Ökologische Krisen und soziale Ungleichheit sind dabei eng miteinander verbunden: Superreiche, die mit Privatjets die Klimakrise anheizen, können sich mit High-Tech-Bunkern auf Neuseeland für den ökologischen Kollaps wappnen. Während Unternehmen nach wie vor von der Zerstörung von Lebensräumen profitieren, müssen besonders Menschen im ›Globalen Süden‹ mit den Folgen der Umweltzerstörung leben und sind der Klimakrise viel stärker ausgeliefert. Die Verantwortung für die Misere liegt bei den Industrienationen und einem Wirtschaftssystem, das auf Wachstum und Profit auf Kosten anderer basiert.

Grund genug, sich machtlos zu fühlen, angesichts solch großer systemischer Probleme. Doch immer wieder gab und gibt es Widerstand. Überall auf der Welt kämpfen mutige Menschen für den Erhalt von Naturräumen und eine bessere Art des Zusammenlebens. Und das ist sehr wichtig, denn historisch betrachtet wurde systemischer Wandel und Gerechtigkeit oft ›von unten‹ erkämpft.

Als eine der größten Aktionen des Zivilen Ungehorsams in Großbritannien blockierten Tausende beim »Rebellion Day« 2018 Londoner Brücken, um auf Klimawandel und Artensterben aufmerksam zu machen.

Auch bei uns vor der eigenen Haustür werden täglich neue Energie- und Infrastrukturprojekte geplant und verbliebene Naturräume weiter zerstört. Schauen wir uns ein berühmtes Beispiel direkt vor unserer Haustür an: den Hambacher Forst.

Die **WALDSCHNEPFE** lebt verborgen unter uns, auch im Hambacher Wald. Durch ihre Tarnfarben bekommt sie aber kaum jemand zu Gesicht.

Im Frühjahr 2018 hat Ornithologe Andreas Skibbe 41 Vogelarten im Hambacher Wald gezählt, einige davon stehen auf der Roten Liste.

Es war einmal ein alter Wald

Der Hambacher Wald ist ein Urwald, ganze 12.000 Jahre alt. Als größter Wald Nordrhein-Westfalens war er eines der letzten Refugien seltener Tierarten in Deutschland. Doch seit den siebziger Jahren musste er Stück für Stück dem RWE-Braunkohletagebau Hambach weichen, zusammen mit angrenzenden Dörfern und seinen Bewohner:innen.

Aber es regte sich Widerstand. Und dieser führte zu einer der bekanntesten und symbolträchtigsten Besetzungen der Klimabewegung in Deutschland: Zehn Jahre lang bewohnten Aktivist:innen Bäume im Hambacher Wald. Bei einer Demonstration gegen ihre Räumung im Herbst 2018 versammelten sich 50.000 Menschen zur bislang größten Anti-Kohle-Demonstration in Deutschland. Dank der Proteste besteht ein Teil des Waldes noch immer.

200 von 4.100 Hektar.

Ein Bruchstück – aber immer noch Raum für bis zu 20 Mittelspecht-Reviere. Jeder Hektar zählt.

Die Kraft des Widerstands lässt sich aus verschiedenen Narrativen erklären, die den Protest antreiben: Da gibt es den unumstößlichen Wert des Waldes (wir denken nur an die vielen Arten, die in Spechthöhlen leben und an all das CO_2, das in den alten Bäumen und Böden gespeichert ist) sowie den dystopisch anmutenden Tagebau als Symbol mächtiger Konzerne und einer gescheiterten Klimapolitik. Nicht zu vergessen die Anwohner:innen mit ihren persönlichen Lebensgeschichten. Und der Protest bringt auch seine eigene Geschichte hervor: von Menschen, die sich gegen die Naturzerstörung wehren, von Menschen, die Baumhäuser bauen und zeigen, dass eine friedliche Koexistenz mit der Natur möglich ist.

Doch ist der Wald jetzt gerettet? Jein. Der Hambacher Wald beziehungsweise das, was von ihm übrig ist, hat keine Zukunft, wenn der riesige Tagebau neben ihm sein ganzes Grundwasser abpumpt. Bis 2030 soll dieser noch in Betrieb bleiben, und um den Wald herum wird weiter gebaggert. Das Gebiet trocknet nach und nach aus. Wenn uns der Widerstand eines gelehrt hat, dann dies: Wir müssen nichts als unveränderlich hinnehmen. Die Geschichte ist noch nicht zu Ende erzählt.

EINE NEUE GESCHICHTE

Jetzt leben wieder rund 200 Waldrappe in Süddeutschland und Österreich.

WALDRAPPE wurden im 17. Jahrhundert in Europa ausgerottet.

In den 1970er-Jahren wurden Menschen im globalen Netzwerk *Earth First!* aktiv, um sich mit spektakulären Aktionen der Naturzerstörung entgegenzustellen. Zu ihren Forderungen gehörte schon damals die nach zusammenhängenden Wildnisgebieten. Sie verlangten, dass der Erhalt der Natur allen menschlichen Entscheidungen zugrunde liegen sollte. Vielleicht hätte man die Dramatik der gegenwärtigen Krisen noch abwenden können, wenn man in diesem Punkt auf sie gehört hätte.
Allerdings waren diese Bewegungen meist gesellschaftliche Randgruppen, die in der Öffentlichkeit kaum wahrgenommen oder als zu radikal abgetan wurden. Heute können wir uns das nicht mehr leisten. 2018 begann mit *Fridays for Future* eine neue, junge Bewegung, die uns deutlich machte, dass Nicht-Handeln keine Option mehr ist. Aber auch sie kann die Welt nicht retten, wenn ein Großteil der Gesellschaft sich nicht mitbewegt und die Politik nicht mit der nötigen Dringlichkeit agiert. Was also tun?

Ich muss gestehen, dass ich mich mit dem Abschluss dieses Buches schwer getan habe. Wie kann ich positiv und optimistisch enden, wenn ich mir bei meiner Recherche die gesamte katastrophale Realität des Artensterbens vor Augen führen musste? Ich hätte es manchmal lieber ignoriert. Und vielleicht ist das auch Teil des Problems: Menschen sind ziemlich gut in selektiver Wahrnehmung. Wir blenden Dinge aus, vor allem, wenn uns die Konsequenzen Angst machen.
Und so, wie wir uns schleichend an immer weniger Lerchen und Kiebitze auf den Feldern gewöhnt haben (die *Shifting Baselines*), gewöhnen wir uns vielleicht auch Stück für Stück an all die anderen Anzeichen unserer Krisen. Dann machen wir Dürren, Fluten, Waldbrände und Hitzesommer, genauso wie Hungersnöte und Trinkwassermangel zu unserem neuen Alltag, bis es zu spät ist.

Die Lösung für einen versöhnlichen Abschluss meines Buches finde ich am Ende in folgendem Gedanken: Statt den Anspruch zu haben, für alle Probleme fertige Lösungen zu präsentieren, um unsere kostbare Eierschalen-Welt zu retten (das machen schon viele sehr fähige Wissenschaftler:innen seit Jahrzehnten), möchte ich an dieser Stelle zu einer neuen Sichtweise anregen.
Ich wünsche mir, dass wir uns darauf einlassen, einmal die Perspektive zu wechseln, und versuchen, die Welt mit anderen Augen zu sehen. Zum Beispiel aus den Augen des Braunkehlchens, das keine Insekten mehr finden kann. Und aus den Augen der Wildbiene, die keine Futterpflanzen mehr findet. Sehen wir die Welt aus den Augen eines Adlers, der vergiftete Fische essen muss. Aus den Augen einer Nachtigall, die wochenlang mit schwindenden Kräften über menschengemachte Landschaft fliegt und keine Überwinterungsgebiete mehr findet. Oder aus den Augen eines Huhns in einer riesigen Mastanlage, das für unseren Appetit auf Fleisch nie die Wälder sehen wird, in denen seine Vorfahren einst gelebt haben.

Der isolierte Schutz einzelner Arten ist nur ein kleiner Teil der Lösung, doch die Geschichte ist wunderschön: Bei diesem weltweit ersten Wiederansiedelungsversuch von Zugvögeln werden jungen Waldrappen aus der Gefangenschaft sichere Flugrouten in ihre italienischen Überwinterungsgebiete gezeigt, damit sie die zukünftig selbstständig erreichen können.

Denn Menschen sind nicht nur gut darin, Dinge auszublenden; wir sind auch einzigartig neugierige und empathische Wesen. Allein, dass wir in der Lage sind, die Perspektive zu wechseln und uns in andere hineinzuversetzen, ist eine faszinierende Fähigkeit und ein großes Glück. Wir können zwar die Augen verschließen, aber wenn wir andere leiden sehen, leiden wir mit.
Ich möchte daher mit der Hoffnung enden, dass wir in einer Zeit von Wandel und Krisen eine Gesellschaft der Empathie und Solidarität aufbauen können, indem wir offen und aufmerksam sind und wahrnehmen, was um uns herum geschieht. Und indem wir uns selbst als aktiven Teil der Gesellschaft und der Natur gleichermaßen verstehen. Wir sind abhängig von der Welt, aber wir können sie auch mitgestalten.

Immerhin gibt es Gründe für Hoffnung. 200 Staaten haben sich beim UN-Naturschutzabkommen 2022 zum Ziel gesetzt, 30 Prozent der weltweiten Flächen in den nächsten Jahren unter Schutz zu stellen. In mehreren südostasiatischen Ländern wurden *Vulture Safe Zones* eingerichtet, um verbliebene Geier-Populationen zu schützen. Der letzte wilde Fluss Europas, die 270 Kilometer lange Vjosa in Albanien, genießt nach jahrelangen Kämpfen vieler Naturschutzorganisationen seit 2023 umfassenden Schutz – als erster Wildflussnationalpark Europas. In Deutschland gibt es immer mehr Bestrebungen, Flüsse und Auen wieder zu renaturieren, auf ehemaligen Militärflächen und Bergbaugebieten darf sich Wildnis entwickeln. Von der Wiederansiedlung der Luchse im Harz oder der Waldrappe in Mitteleuropa bis zum Widerstand gegen die Zerstörung von Stadtnatur, Wäldern und Mooren: Überall finden sich Geschichten, die von engagierten Menschen erzählen. Menschen, die die Vogelperspektive einnehmen und sich den negativen Entwicklungen entgegenstellen. Wir sollten nicht nur die Augen für die Realität öffnen, sondern auch für eine Utopie: Stellen wir uns vor, wir lassen wieder reiche und komplexe Ökosysteme zu. Wie schön könnte diese Zukunft werden!

Für eine solche Utopie gilt es mehr denn je, jetzt aktiv zu werden. Wir können Druck auf die Politik aufbauen, Initiativen gründen und eine Basis für Veränderungen schaffen. Ob in Forschung oder Vermittlung, in Handwerk oder Bildung, als Multiplikator:innen, Aktivist:innen oder in ehrenamtlichen Tätigkeiten: Wir alle können unsere individuellen Fähigkeiten und Mittel einsetzen, um positiven Einfluss zu nehmen. Wenn wir gemeinsam an verschiedenen Strängen ziehen, können die Dinge in Bewegung geraten. Ich bitte euch, die ihr dieses Buch gerade in Händen haltet: Werdet (oder bleibt) aktiv! Vertraut nicht darauf, dass andere das Problem schon für euch lösen werden. Engagiert und organisiert euch, seid laut und bleibt hoffnungsvoll – trotz allem.
Und lasst uns eine neue Geschichte schreiben: keine von Verlust und verfehlten Zielen, sondern von Mut, Solidarität und dem Willen, diese bemerkenswerte Biodiversität – und damit unser aller Zukunft – zu retten.

WARUM WIR VÖGEL BRAUCHEN

Mit dem »wir« im Untertitel auf dem Cover meine ich nicht nur uns Menschen, sondern vielmehr: »*wir, die Lebewesen dieser Welt*«. Denn darum geht es hier in dem Buch maßgeblich: um die Relevanz der Vögel füreinander, für andere und schlussendlich für uns als Teil dieser Welt.

Dabei ist hoffentlich deutlich geworden, dass es nicht meine Absicht ist, den Vögeln allein durch ihre Nützlichkeit eine Daseinsberechtigung zu erteilen. Die Natur gibt niemandem eine Funktion, alles *ist* einfach, fügt sich über lange Zeiträume ineinander und wandelt sich stetig. Jede Art und jedes Individuum ist erstmal nichts anderes als ein für uns schier unbegreifliches Wunder aus 3,5 Milliarden Jahren Evolution. Jede und jedes von ihnen hat einen eigenen und unumstößlichen Wert, unabhängig von seinem Nutzen für andere. Doch die Relevanz der Biodiversität wird dann deutlich, wenn wir Arten in ihrem Zusammenspiel miteinander sehen und verstehen. Ich hoffe sehr, dass es mir gelungen ist, mit meinem Buch zu dieser Sichtweise und einem Verständnis dafür beizutragen.

Zum Schluss möchte ich doch noch auf einen Aspekt hinaus, weswegen ausschließlich *wir Menschen* die Vögel brauchen: um nicht die Hoffnung zu verlieren.

Denn noch sind sie da, die Vögel. Noch sehen wir sie jeden Tag am Himmel, in den Bäumen und Büschen, am Strand, in den Bergen, auf den Wiesen und auf dem Wasser. Sie sind nicht nur ein wichtiger Teil natürlicher Kreisläufe, ein Verbindungsstück zwischen Luft und Erde, Wasser und Land, Süden und Norden. Sie sind auch unsere Verbindung zur Natur, einer der letzten, alltäglichen Zugänge zu einer sonst rar gewordenen Wildnis. Freuen wir uns darüber, dass sie da sind. Und verlieren wir sie nicht aus dem Blick.

Denn solange der Himmel voller Vögel ist und die Luft voller Gesang, solange gibt es auch die Hoffnung auf eine lebenswerte Zukunft für uns alle.

Und obwohl unsere Katzen und Fenster und Pestizide jedes Jahr Milliarden von ihnen töten und manche Vogelarten, insbesondere auf ozeanischen Inseln, für immer verloren sind, ist ihre Welt im Moment noch immer sehr lebendig. In jedem Winkel der Erde, in walnusskleinen oder heuhaufengroßen Nestern, picken Küken sich nach wie vor durch ihre Schale und drängen ans Licht.

Jonathan Franzen

NACHWORT & DANK

Dieses Buch ist parteiisch. Es fokussiert ausschließlich die positiven Auswirkungen von Vögeln auf ihre Umgebung. Es gibt auch einzelne Fälle, wo Vögel einen *aus unserer Sicht (!)* negativen Effekt haben können. Doch wenn man sich diese genau ansieht, hat auch dort in der Regel der Mensch seine Hände im Spiel: Wenn Vögel mit ihrer Waldbildung ›übertreiben‹ und in geschützten Mooren Bäume pflanzen, wenn sie Saatgut und Feldfrüchte aus der Landwirtschaft fressen oder Pestizide verbreiten, wenn Spechte Häuserfassaden oder andere menschliche Infrastruktur aufpicken oder sich einzelne Arten besonders dominant ausbreiten: All das hängt eng zusammen mit von Menschen dominierten Landschaften, mit intensiver Landwirtschaft, Lebensraumverlust, fehlenden Megaherbivoren, fehlenden Spitzenprädatoren, kurzum: fehlender Biodiversität. Ich halte es daher für völlig legitim, diese verhältnismäßig unbedeutende ›andere Seite‹ in diesem Buch nicht näher beleuchtet zu haben, zumal sie in keiner Weise die hohe Relevanz von Vögeln für ihre Umgebung schmälert.

Einige Dinge sind komplexer, als ich sie in diesem Buch darlegen konnte. Wer sich tiefergehend mit den Themen aus dem Buch beschäftigen möchte, ist herzlich eingeladen, einen Blick in die Quellen und Literatur zu werfen. Aus Platzgründen musste in den Quellen leider auf die Nennung der Autor:innen verzichtet werden, sie sind unter den jeweils angegebenen Links zu finden. Ohne die fantastische Arbeit der Wissenschaftler:innen, deren Studien die inhaltliche Grundlage vieler Kapitel bilden, hätte es dieses Buch nicht geben können. Danke an all die Menschen, die in umfangreichen Feldversuchen und aufwendigen Studien die vielen Facetten und verborgenen Netzwerke unserer Natur entschlüsseln. Ich hoffe, ich konnte den Inhalten gerecht werden, auch wenn ich aufgrund des Umfangs das ein oder andere etwas kürzen und zusammenfassen musste.

Darüber hinaus wäre dieses Buch ohne vielfältige Unterstützung nicht zu dem geworden, was es ist:

Ich danke Prof. Reinhard Schulz-Schaeffer, der mein Projekt von der ersten Idee bis zum fertigen Konzept während meines Master-Studiums unterstützt hat. Ich kenne kaum jemanden, der so sehr von der Kraft und den Möglichkeiten der Illustration überzeugt ist. Ohne das dadurch gewonnene Selbstvertrauen hätte ich es wohl nicht gewagt, daran zu glauben, ein Buch zu veröffentlichen. Wesentlich dazu beigetragen hat auch meine Zweitbetreuerin Prof. Alexandra Kardinar.

Danke an meinen Agenten Thomas Schmidt-Wölke der Agentur Landwehr & Cie, der sofort an das Projekt geglaubt hat. Beim Eichborn Verlag gilt mein Dank allen, die in die Produktion des Buches involviert waren, insbesondere Dominique Pleimling, Rainer Schäfer und meiner Lektorin Jutta Wallrafen.

Viele Menschen haben mir über die Jahre inhaltlich weitergeholfen. Zu allererst sei hier Anne Preger genannt. Sie hat mein Projekt bereits unterstützt, als es noch als Küken im Ei steckte, und mir immer wieder mit vielen Tipps und großartiger Expertise zur Seite gestanden. Mit Adleraugen und feinster Spürnase hat sie inhaltliche Fehler aufgedeckt und mir so einige ruhige Nächte beschert.

Danke Dominik Eulberg, für Last-Minute-Wochenendtelefonate, wichtige Hinweise zu Waldschnepfen und Rotschenkeln und die unterhaltsamen Geschichten, die du zu jedem Vogel aus dem Ärmel schüttelst (wie die vom Occipitalgesicht der Steinkäuze).
Zu einzelnen Themen weitergeholfen haben mir Dr. Franziska Tanneberger und Nina Körner vom Greifswald Moor Centrum, Dr. Julia Meyer vom Nationalpark Hamburgisches Wattenmeer sowie Dr. Friederike Schmitz, Prof. Dr. Jörg Müller, Claudia Ruby und Joachim Budde.

Wie wertvoll ist doch ein frischer Blick von außen: Tausend Dank, Tine Anas, dass du mit mir in wöchentlichen Videocalls über bald zwei Jahre hinweg aufmerksam und geduldig die Farbwelt und Dynamik der Illustrationen besprochen und dabei wichtigen Input sowie emotionalen Support gegeben hast.
Dank gilt außerdem meinen geschätzten Illu-Kolleginnen Lea Berndorfer, Charlotte Hintzmann, Caroline Reißner und Marie Seeberger für den wertvollen Austausch und wichtige Anmerkungen.

Danke an Reiner und Claudia, dass ihr meine aufmerksamen und gründlichen Testleser:innen wart. Ich habe völlig unterschätzt, wie zeitaufwändig so ein Buch ist. Nie hätte ich ihm über einen so langen Zeitraum diese Aufmerksamkeit schenken können, wenn Olaf nicht gewesen wäre, der mit Begeisterung und viel Know-how mein zweites finanzielles Standbein, die Gemüsevögel, in seine Obhut genommen hat und mir dadurch den Rücken freihielt. Was für ein großes Privileg.

Ich danke meinen drei Eltern für das große Glück zu wissen, dass ihr immer für mich da seid.

Zu guter Letzt und ganz besonders: danke Marcel. Für deine Liebe und unglaubliche Wertschätzung. Für deinen klugen Blick auf die gesellschaftlichen Zusammenhänge, ohne den dieses Buch ein anderes geworden wäre. Für all deine Hilfe und Unterstützung. Dafür, dass du immer an meiner Seite bist, meine Liebe zu Vögeln teilst, mit mir zusammen vor Glück platzt, wenn wir Kiebitze sehen, mit mir lachst und weinst und für jedes bisschen Hoffnung kämpfst.

VERZEICHNIS DER VÖGEL

0 = Erwähnung in Bild und Text
(B) 0 = Nur Erwähnung im Bild
(T) 0= Nur Erwähnung im Text

DIE WISSENSCHAFT DAHINTER

Einleitung:

Decline of the North American avifauna. Science (2019), doi.org/10.1126/science.aaw1313

State of the World's Birds 2022. www.birdlife.ch/sites/default/files/documents/BirdLife_SOWB%20Report%202022_ENGLISH_Reduced%20size.pdf

Starke Netzwerke:

Mehr als Artenvielfalt. naturwissenschaften.ch/biodiversity-explained/about_biodiversity/mehr_als_artenvielfalt

Verlorene Vielfalt:

Earth beyond six of nine planetary boundaries. Sci. Adv. (2023), doi.org/10.1126/sciadv.adh2458

Accelerated modern human-induced species losses: Entering the sixth mass extinction. Sci. Adv. (2015), doi.org/10.1126/sciadv.1400253

Human impacts on the rates of recent, present, and future bird extinctions. PNAS (2006), doi: 10.1073/pnas.0604181103

A multi-taxon analysis of European Red Lists reveals major threats to biodiversity. PLOS ONE (2023), doi.org/10.1371/journal.pone.0293083

TEIL 1

Als die Seevögel verschwanden:

Wie Seevögel die Gesundheit von Korallenriffen fördern. www.riffreporter.de/de/umwelt/seevoegel-indischer-ozean

Seabirds enhance coral reef productivity and functioning in the absence of invasive rats. Nature (2018), doi.org/10.1038/s41586-018-0202-3

Warum Rochen Bäume mögen:

From wing to wing: The persistence of long ecological interaction chains in less-disturbed ecosystems. Sci. Rep. (2012), doi.org/10.1038/srep00409

Wer die Felsen blühen lässt:

Schiet happens – wie Seevögel die Weltgeschichte verändert haben. www.riffreporter.de/de/umwelt/seevogelguano

Differential Responses of Arctic Vegetation to Nutrient Enrichment by Plankton- and Fish-Eating Colonial Seabirds in Spitsbergen. Front. Plant Sci.(2016), doi.org/10.3389/fpls.2016.01959

Starke Schnäbel:

Functional extinction of birds drives rapid evolutionary changes in seed size. Science (2013), doi.org/10.1126/science.1233774

Flowers choose the best pollinators. Nature (2015), doi.org/10.1038/519264a

Unter dem Mistelzweig:

Desert Mistletoe – A misunderstood, but ecologically important native plant. kelseyyule.com/desert-mistletoe-a-misunderstood-but-beneficial-native-plant/

Changes in interactions between juniper and mistletoe mediated by shared avian frugivores: parasitism to potential mutualism. Oecologia (2002), doi.org/10.1007/s004420100792

Wie Feinschmecker den Wald erhalten:

Discovering the role of Patagonian birds in the dispersal of truffles and other mycorrhizal fungi. Curr. Biol. (2021), doi.org/10.1016/j.cub.2021.10.024

Fungal ecology: Truffle-guzzling birds. Curr. Biol. (2021), doi.org/10.1016/j.cub.2021.10.061

Wie Leben in den Teich gelangt:

Experimental evidence of dispersal of invasive cyprinid eggs inside migratory waterfowl. PNAS (2020), doi.org/10.1073/pnas.2004805117

Dispersal of aquatic and terrestrial organisms by waterbirds: A review of current knowledge and future priorities. Freshwater Biology (2023), doi.org/10.1111/fwb.14038

Fruchtbare Vorratskammern:

Die Häher im Visier: Zur Ökologie und waldbaulichen Bedeutung der Samenausbreitung durch Vögel. Forstw. Cbl. (1994), doi.org/10.1007/BF02936698

Economic valuation of a seed dispersal service in the Stockholm National Urban Park, Sweden. Ecol. Econ. (2006), doi.org/10.1016/j.ecolecon.2005.11.007

Gefiederte Alarmanlagen:

Meisen warnen, wenn Gefahr naht. Wer auf sie hört, lebt sicherer. www.riffreporter.de/de/umwelt/alarmrufe-indianermeisen-blaumeisen-voegel

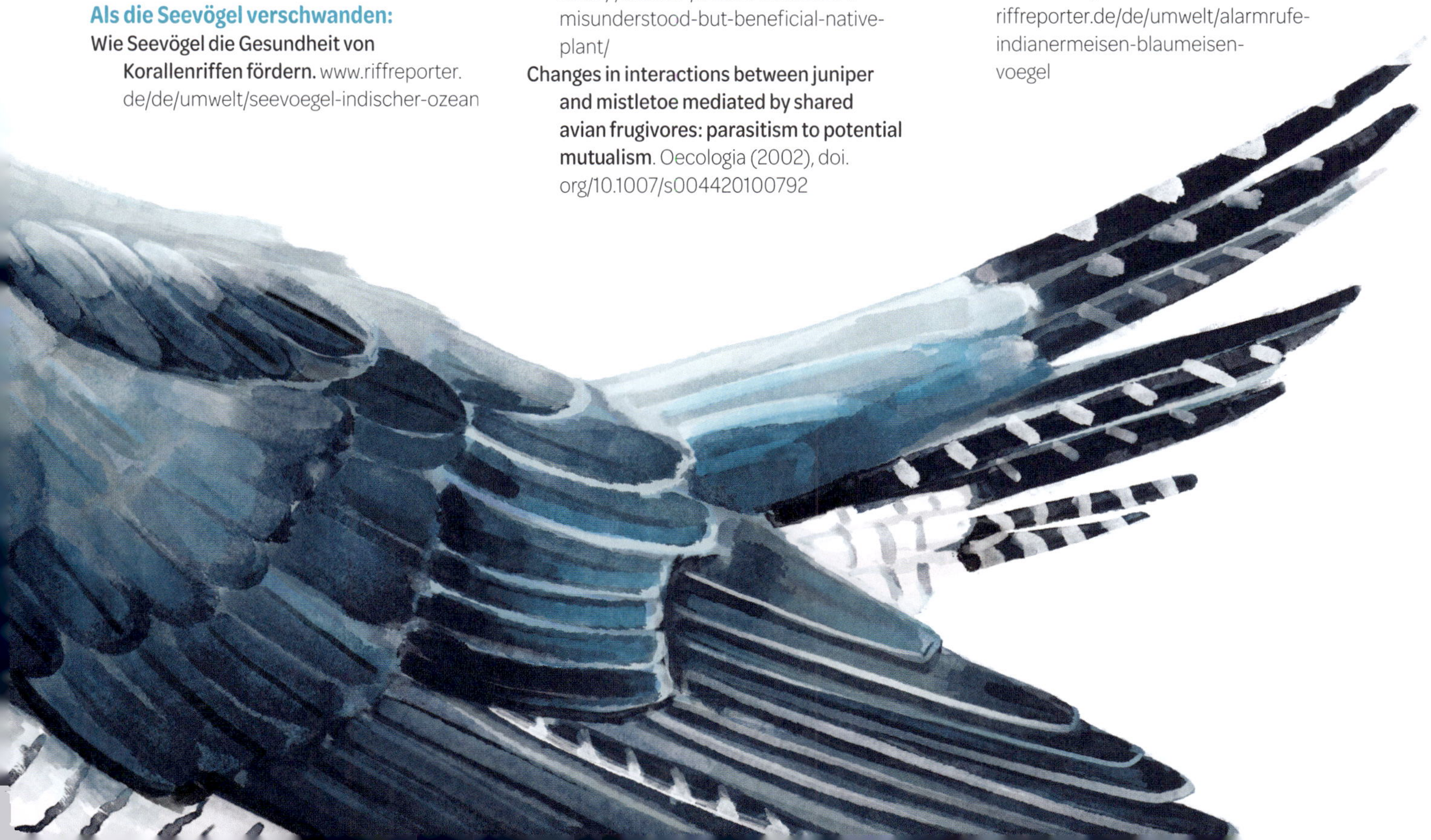

Die Macht der Vielen:

Koordination im Vogelschwarm: So funktioniert das Spektakel am Himmel. www.geo.de/natur/tierwelt/koordination-im-vogelschwarm-so-funktioniert-das-spektakel-am-himmel-30167972.html

Vogelschwarm wehrt Falken ab. www.spiegel.de/video/naturschauspiel-vogelschwarm-wehrt-falken-ab-video-99013065.html

Wohnraumschaffer:

Secondhand homes: The multilayered influence of woodpeckers as ecosystem engineers. Ecol. Evol., (2021), doi.org/10.1002/ece3.7932

Nutzung von Schwarzspecht-Höhlen im deutsch-dänischen Grenzbereich. ornithologie-schleswig-holstein.de/coraxartikel/Christensen_2004_Corax_19_417-423.pdf

Gewebte Oasen:

Ecological engineering across a temporal gradient: Sociable weaver colonies create year-round animal biodiversity hotspots. J Anim Ecol.(2021), doi.org/ 10.1111/1365-2656.13544

Sociable Weaver nests as a resource. Percy FitzPatrick Institute of African Ornithology (2022), science.uct.ac.za/fitzpatrick/research-understanding-biodiversity-evolutionary-and-behavioural-ecology/sociable-weaver-nests-resource

Scharfäugige Beschützer:

Trait-mediated trophic cascade creates enemy-free space for nesting hummingbirds. Science Advances (2015), doi.org/10.1126/sciadv.1500310

Wie Beutegreifer die Artenvielfalt fördern:

Top predator and interference competition modify the occurrence and breeding success of a specialist species in a structurally complex forest. Ann. Zool. Fenn. (2006). www.jstor.org/stable/23735926

The Ghost of the Hawk: Top Predator Shaping Bird Communities in Space and Time. Front. Ecol. Evol. (2021), doi.org/10.3389/fevo.2021.638039

Generalized Models Reveal Stabilizing Factors in Food Webs. Science (2009), doi.org/10.1126/science.1173536

Yellowstone Wolves and the Forces That Structure Natural Systems. PLoS Biol (2014), doi.org/10.1371/journal.pbio.1002025

Was geschah, als es keine Spatzen mehr gab:

Was wäre, wenn es keine Vögel mehr gäbe? www.welt.de/wissenschaft/umwelt/article12469935/Was-waere-wenn-es-keine-Voegel-mehr-gaebe.html

Vielfalt statt Fichtenwald:

Eine Chance für die Geburt neuer Wälder. www.riffreporter.de/de/umwelt/waldgipfel-nationalpark-borkenkaefer

Comparative diets of adult and young Three-toed Woodpeckers in an European alpine community. Journal of Wildlife Management (2004), www.jstor.org/stable/3803401

Wenn Kaffee unter Bäumen wächst:

Forest bolsters bird abundance, pest control and coffee yield. Ecol. Lett., (2013), doi.org/10.1111/ele.12173

Die Tatortreiniger:

Effects of vulture declines on facultative scavengers and potential implications for mammalian disease transmission. Conserv. Biol. (2012), doi.org/10.1111/j.1523-1739.2012.01827.x

Geier: Die Bio-Bestatter. National Geographic (2016), www.nationalgeographic.de/tiere/geier-die-bio-bestatter

Leere Plätze im Orchester:

Vögel als Indikatoren für die Nachhaltigkeit. www.lwf.bayern.de/mam/cms04/biodiversitaet/dateien/a69_voegel-als-indikatoren.pdf

Grafik: **Report on the Pan-European Common Bird Monitoring Scheme.** EBCC (2023), pecbms.info/report-on-the-pan-european-common-bird-monitoring-scheme-february-2023/

TEIL 2

Eine Frage der Räume:

Grafik: **Estimated Biodiversity Intactness Index (BII),** Natural History Museum (2020), www.nhm.ac.uk/our-science/data/biodiversity-indicators/what-is-the-biodiversity-intactness-index.html

When humans are wiped from Earth, the chicken bones will remain. New Scientist (2018), www.newscientist.com/article/2187838-when-humans-are-wiped-from-earth-the-chicken-bones-will-remain/

Threatened birds occur in nearly all countries and territories. www.birdlife.org on 09/10/2023

Grüne Wüsten:

Abundance decline in the avifauna of the European Union reveals cross-continental similarities in biodiversity change. Ecol. Evol. (2021), doi.org/10.1002/ece3.8282

Der stumme Frühling – Zur Notwendigkeit eines umweltverträglichen Pflanzenschutzes. Nationale Akademie der Wissenschaften Leopoldina, Diskussion Nr. 16. (2018)

Pestizide: Die Tiere haben weniger Nachkommen und eine höhere Sterberate. www.riffreporter.de/de/umwelt/pestizide-risiken-natur-nahrungsketten-wissenschaft-uba-kleingewaesser

Pesticide occurrence in protected surface waters in nature conservation areas of Germany. Sci. Total Environ. (2023), doi.org/10.1016/j.scitotenv.2022.160074

More than 75 percent decline over 27 years in total flying insect biomass in protected areas. PLOS One (2017), doi.org/10.1371/journal.pone.0185809

Land use per kilogram of food product ourworldindata.org/grapher/land-use-per-kg-poore

Wie wir den Planeten verfüttern:

IPCC Sixth Assessment Report. Cross-Chapter Paper 7: Tropical Forest. www.ipcc.ch/report/ar6/wg2/chapter/ccp7/

Amazon Tipping Point. Sci. Adv. (2018), doi.org/10.1126/sciadv.aat2340

The Amazon rainforest has already reached a crucial tipping point. www.newscientist.com/article/2336521-the-amazon-rainforest-has-already-reached-a-crucial-tipping-point/

Amazon rainforest now emitting more CO_2 than it absorbs. www.theguardian.com/environment/2021/jul/14/amazon-rainforest-now-emitting-more-co2-than-it-absorbs

Destruction of Brazil's Cerrado savanna soars for third year in a row. www.climatechangenews.com/2022/12/15/destruction-of-brazils-cerrado-savanna-soars-for-third-year-in-a-row/

Jump in deforestation of world's most biodiverse savanna alarms Brazilian scientists. www.reuters.com/business/environment/jump-deforestation-worlds-largest-savanna-alarms-brazilian-scientists-2022-01-03/

Die anderen Vögel:

Thinking chickens: a review of cognition, emotion, and behavior in the domestic chicken. Anim. Cogn. (2017). doi.org/10.1007/s10071-016-1064-4

Evolution und Ausbreitung des Vogelgrippe-Virus H5N1 Asia sowie Aspekte der Biosicherheit. Tierärztliche Umschau, Band 63, Nr. 6, S. 333–339 (2008)

Fowl play – The poultry industry's central role in the bird flu crisis. GRAIN Briefing, (2006)

Vogelsterben an der Westküste Schleswig-Holsteins. www.nationalpark-wattenmeer.de/news/vogelgrippe-an-der-schleswig-holsteinischen-westkueste

Reisen ohne Rückkehr?:

Bird migration perils. en.wikipedia.org/wiki/

Bird_migration_perils

Bird building collisions in the United States: Estimates of annual mortality and species vulnerability. The Condor (2014), doi.org/10.1650/CONDOR-13-090.1

Korean shorebird havens get World Heritage status. www.birdlife.org/news/2021/11/29/korean-shorebird-havens-get-world-heritage-status/

Leere Meere:

Global prevalence of setting longlines at dawn highlights bycatch risk for threatened albatross. Biol. Conserv. (2023), doi.org/10.1016/j.biocon.2023.110026.

Schlüsselspezies? Wie Haie Ökosysteme am Leben halten. www.nationalgeographic.de/tiere/2021/08/schluesselspezies-wie-haie-oekosysteme-am-leben-halten

Nutrients and seabird biogeography: Feather elements differ among oceanic basins in the Southern Hemisphere, reflecting bird size, foraging range and nutrient availability in seawater. Glob. Ecol. Biogeogr. (2023), doi.org/10.1111/geb.13629

Unterwasserwald:

Giant kelp, Macrocystis pyrifera, increases faunal diversity through physical engineering. Proc. R. Soc. B (2018), doi.org/10.1098/rspb.2017.2571

Kelp in the Eagles' Nest. (2023) www.birdnote.org/listen/shows/kelp-eagles-nest

How The Bald Eagle Would Be Affected By The Loss Of The Kelp Forests. (2021) www.birdinformer.com/bald-eagle-kelp-forest/

Über Salz und Schlamm:

Salzwiesen – Neptuns Vorgarten. www.nationalpark-wattenmeer.de/wissensbeitrag/salzwiesen/

Lasst die Flüsse frei:

Mapping the world's free-flowing rivers. Nature (2019), doi.org/10.1038/s41586-019-1111-9

Es lebe das Totholz:

Lebensraum Totholz – So recycelt die Natur. www.deutschewildtierstiftung.de/aktuelles/totholz

Gloable Überdosis. Anne Preger, Quadriga Verlag (2022), S.153-156

Das ist doch der Gipfel:

Klimawandel in den Alpen: Haben Schneehühner und Schneesperlinge eine Zukunft? www.riffreporter.de/de/umwelt/milder-winter-klima-schneemangel-folgen-fuer-natur-in-alpen-alpenschneehuhn-schneesperling

Sänger im Seggenrohr:

Warum Moore so wichtig sind. Greifswald moor Centrum (2021), greifswaldmoor.de/moore.html

Wilde Wiesen:

The Rise of the Anthroposphere since 50,000 Years: An Ecological Replacement of Megaherbivores by Humans in Terrestrial Ecosystems? Front. Ecol. Evol., Sec. Paleoecology (2018), doi.org/10.3389/fevo.2018.00003

Structure and functioning of wild and agricultural grazing ecosystems: A comparative review. Front. Sustain. Food Syst. (2022), doi.org/10.3389/fsufs.2022.945514

Intermediate foraging large herbivores maintain semi-open habitats in wilderness landscape simulations. Ecol Model (2018), doi.org/10.1016/j.ecolmodel.2018.04.002

Rewilding: conservationists want to let elephants loose in Europe – here's what could happen. (2021), theconversation.com/rewilding-conservationists-want-to-let-elephants-loose-in-europe-heres-what-could-happen-168212

In Zahlen: Fleisch aus Weidehaltung für die Artenvielfalt. friederikeschmitz.de/in-zahlen-fleisch-aus-weidehaltung-fuer-die-artenvielfalt/

Artenreiche Ernte:

Lingener Erklärung zum Streuobstbau. www.nabu.de/natur-und-landschaft/landnutzung/streuobst/vermarktung/24041.html

Wie geht es den Ameisen? www.rote-liste-zentrum.de/de/Ameisen-Hymenoptera-Formicidae-1702.html

Die Äcker von morgen:

Reducing food's environmental impacts through producers and consumers. Science, Vol 360, Issue 6392 (2018), 987-992. doi.org/10.1126/science.aaq0216

Feeding ten billion people is possible within four terrestrial planetary boundaries. Nat Sustain (2020), doi.org/10.1038/s41893-019-0465-1

Das eigene Biotop:

The impact of free-ranging domestic cats on wildlife of the United States. Nat Commun (2013). doi.org/10.1038/ncomms2380

Wohnraum für alle:

The Biological Deserts Fallacy: Cities in Their Landscapes Contribute More than We Think to Regional Biodiversity. BioScience (2021), doi.org/10.1093/biosci/biaa155

Hard times in the city: Attractive nest sites but insufficient food supply lead to low reproduction rates in a bird of prey. Front. Zool. (2014), doi.org/10.1186/1742-9994-11-48

Denser and greener cities: Green interventions to achieve both urban density and nature. People Nat. (2021), doi.org 10.1002/pan3.10423

Stadtklima – die städtische Wärmeinsel. www.dwd.de/DE/klimaumwelt/klimaforschung/klimawirk/stadtpl/projekt_waermeinseln/startseite_projekt_waermeinseln.html

Klänge der Hoffnung:

Birdsongs alleviate anxiety and paranoia in healthy participants. Sci Rep. (2022), doi.org/10.1038/s41598-022-20841-0

Female song is widespread and ancestral in songbirds. Nat Commun (2014), doi.org/10.1038/ncomms4379

Loss of temporal structure of tropical soundscapes with intensifying land use in Borneo. Sci. Total Environ.(2022), doi.org/10.1016/j.scitotenv.2022.158268

Soundscapes and deep learning enable tracking biodiversity recovery in tropical forests. Nat. Commun. (2023). doi.org/10.1038/s41467-023-41693-w

Mut zur Wildheit:

Renaturierung – Zurück in die Eiszeit. www.spektrum.de/news/renaturierung-zurueck-in-die-eiszeit/1899424

Large herbivores as a driving force of woodland-grassland cycles: the mutual interactions between the population dynamics of large herbivores and vegetation development in a eutrophic wetland. research.wur.nl/en/publications/large-herbivores-as-a-driving-force-of-woodland-grassland-cycles

Widespread habitat for Europe's largest herbivores, but poor connectivity limits recolonization. Diversity and Distributions (2023), doi.org/10.1111/ddi.13671

Die Klage der Natur:

Welche Rechte braucht die Natur? Wege aus dem Artensterben. Frank Adloff und Tanja Busse (Hg.) Campus Verlag (2021).

Aufruhr und Widerstand:

Hambi bleibt! – Zehn Jahre Waldbesetzung des Hambacher Waldes im Rheinischen Braunkohlerevier. www.uni-erfurt.de/forschung/aktuelles/forschungsblog-wortmelder/hambi-bleibt

Vögel im Hambacher Forst. www.riffreporter.de/de/umwelt/vogelspaziergang-hambacher-forst-budde

Webseiten
Stand 10/2023

WEITERLESEN & AKTIV WERDEN

Literatur, die diesem Buch zugrunde lag:

Was hat die Mücke je für uns getan?
Endlich verstehen, was biologische Vielfalt für unser Leben bedeutet
ISBN: 978-3-96238-209-4

Noch ganz viel mehr über Biodiversität und wie wichtig sie ist.

Biodiversität. 100 Seiten
Jasmin Schreiber
ISBN: 978-3-15-020673-7

Das Sterben der anderen
Wie wir die biologische Vielfalt noch retten können
Tanja Busse
ISBN: 978-3-89667-592-7

Vom Verschwinden der Arten
Der Kampf um die Zukunft der Menschheit
Katrin Böhning-Gaese, Friederike Bauer
ISBN: 978-3-608-12137-7

Noch mehr darüber, warum wir Vögel brauchen.

Why Birds Matter
Avian Ecological Function and Ecosystem Services
ISBN: 9780226382630

Wanderer zwischen den Welten
Was Vögel in Städten erzählen
Caroline Ring
ISBN: 978-3-8270-1453-5

Über unser Zusammenleben mit Vögeln.

Mikroorgasmen überall
Von der Raffinesse und Mannigfaltigkeit der Natur vor unserer Haustür
Dominik Eulberg
ISBN: 978-3-8479-0065-8

Über pilzezüchtende Borkenkäfer und vieles mehr!

Anstiftung zum gärtnerischen Ungehorsam
Bekenntnisse einer Guerillagärtnerin: Gebt Insekten ein Zuhause!
Christiane Habermalz
ISBN: 978-3-453-60547-3

Wie wir vor unserer Haustür Insekten und damit auch Vögeln helfen können – auch ohne eigenen Garten.

Anders satt
Wie der Ausstieg aus der Tierindustrie gelingt
Friederike Schmitz
ISBN: 978-3-955-75192-0

Warum wir eine neue Landwirtschaft brauchen, und wie das gehen kann.

Regenesis
Feeding the World without Devouring the Planet
George Monbiot
ISBN: 978-0-241-44764-2

Über das riesige Problem mit der Überdüngung.

Globale Überdosis
Stickstoff – die unterschätzte Gefahr für Umwelt und Gesundheit
Anne Preger
ISBN: 978-3-869-95122-5

Rewilding
Auf der Suche nach einem Gleichgewicht zwischen Mensch und Natur
Simone Böcker
ISBN: 978-3-351-04183-0

Warum wir Wölfe und Wisente brauchen, und wie wir mehr Wildnis zulassen können.

Verwildert
Die Wiederherstellung unserer Ökosysteme und die Zukunft der Natur
George Monbiot
ISBN 978-3-95757-790-0

Mehr über das Recht von Flüssen.

Welche Rechte braucht die Natur?
Wege aus dem Artensterben
Frank Adloff und Tanja Busse (Hg.)
ISBN: 978-3-593-51462-8

Das Gute Leben für Alle
Wege in die Solidarische Lebensweise
I.L.A. Kollektiv (Hg.)
ISBN: 978-3-96238-095-3

Über gesellschaftliche Transformation.

Zum Spenden, Unterstützen und Mitmachen (eine rein subjektive und beispielhafte Auswahl).

↓

◎ = Hier gibt es Regionalgruppen, vielleicht auch in deiner Nähe!

Bündnisse, Organisationen, Projekte:

River watch – Verein zum Schutz der Flüsse
riverwatch.eu/de

Aktionsbündnis lebendige Oder – Teil eines internationalen Zusammenschlusses zum Schutz der Oder saveoder.org

Save the Blue Heart of Europe – Kampagne zum Schutz der Balkanflüsse
balkanrivers.net

Gesellschaft zur Erhaltung der Eulen e.V. – Gemeinnütziges Bündnis für Wiederansiedelungsprojekte und Monitoring egeeulen.de

Waldrappteam – Projekt zur Wiederansiedelung von Waldrappen in Europa www.waldrapp.eu

◎ **Nabu** – Großer Naturschutzverbund für den Artenschutz und den Erhalt von Lebensräumen
www.nabu.de

◎ **Greenpeace** – Große Umweltorganisation mit vielfältigen Aktionen gegen Umweltzerstörung
www.greenpeace.de

◎ **BUND** – Bund für Umwelt und Naturschutz
www.bund.net

◎ **Robin Wood** – Gewaltfreie Aktionsgemeinschaft für Natur und Umwelt www.robinwood.de

◎ **Extinction Rebellion Deutschland** – Bewegung mit vielen Ortsgruppen, inspiriert von Extinction Rebellion UK extinctionrebellion.de

◎ **Gemeinsam gegen die Tierindustrie** – bewegungsübergreifendes Bündnis für eine solidarische und ökologische Agrarwende
gemeinsam-gegen-die-tierindustrie.org

Bevela – Begleitung landwirtschaftlicher Betriebe bei der Transformation hin zu bioveganer Landwirtschaft www.bevela.de

◎ **Ende Gelände** – Bündnis der Klima-Bewegung mit jährlichen Großaktionen gegen Kohle und Gas
www.ende-gelaende.org

Hambi Bleibt – Bunter Haufen an Menschen, die sich für den Hambacher Wald einsetzen
hambacherforst.org

Wilder Wald bleibt – Waldretter:innen in Hamburg-Wilhelmsburg waldretter.de

Green Forest Fund – Spendenprojekt für neue Urwälder von morgen www.greenforestfund.de

MIYA e.V. – Organisation zur Entwicklung von Tiny Forests www.miya-forest.de

◎ **Naturgarten e.V.** – Verein zur Förderung naturnaher Gärten und öffentlicher Blühflächen
naturgarten.org

Sand im Getriebe – Aktionsbündnis für eine klimagerechte Mobilitätswende
sand-im-getriebe.mobi

paper planes e.V. – Konzepte und Utopien für naturnahe Städte, Berlin
www.paper-planes.net

... und ganz viele mehr. Schau in deiner Umgebung!

Skizze vom Schwarzkehltapakulo (*Black-throated Huet-huet*),
für die Doppelseite »Wie Feinschmecker den Wald erhalten«.

ÜBER DIE AUTORIN

Die Hamburger Illustratorin Sarah Heuzeroth arbeitet seit über zehn Jahren zu ökologischen und sozialen Themen.

Für ihren Bachelor in Kommunikationsdesign entwickelte sie 2014 die Infografik-Broschüre *Deserted Ocean* über die Auswirkungen der industriellen Fischerei auf die maritime Artenvielfalt. Anschließend illustrierte sie mehrere Jahre verschiedene Publikationen des I.L.A. Kollektivs. Seither arbeitet sie als Illustratorin vor allem in den Bereichen Klimagerechtigkeit, Nachhaltigkeit, Umwelt- und Artenschutz. Sie erstellt Infografiken und Illustrationen für den BUND, die RiffReporter, die Nationale Akademie der Wissenschaften Leopoldina und das Potsdam-Institut für Klimafolgenforschung. Ihre Infografiken über Moore, die in Zusammenarbeit mit dem Greifswald Moor Centrum entstanden, wurden in acht Sprachen übersetzt und werden von vielen Initiativen und Stiftungen genutzt. Sie hielt Vorträge auf der Jungen Klimakonferenz LCOY und den Political Art Days über »Illustration als Werkzeug für sozial-ökologischen Wandel«.

Im Sommer 2022 absolvierte sie bei Prof. Reinhard Schulz-Schaeffer an der HAW Hamburg ihren Master in Wissenschaftsillustration und entwickelte dafür im praktischen Teil das Konzept für »Die Welt in einer Eierschale«. Darin verbindet sie ihre Erfahrungen aus der Arbeit zu umweltpolitischen Themen mit ihrer persönlichen Leidenschaft für Vögel.

Foto: Alexander Schulz-Falkenhain

Auf dem »Land der Tiere«, einem Lebenshof für ehemalige Nutztiere.

IMPRESSUM

Die Bastei Lübbe AG verfolgt eine nachhaltige Buchproduktion. Wir verwenden Papiere aus nachhaltiger Forstwirtschaft und verzichten darauf, Bücher einzeln in Folie zu verpacken. Wir stellen unsere Bücher in Deutschland und Europa (EU) her und arbeiten mit den Druckereien kontinuierlich an einer positiven Ökobilanz.

FSC www.fsc.org
MIX
Papier | Fördert gute Waldnutzung
FSC® C109273

Zitate auf S. 3, 13, 55, 101 aus:
Edward L. McCord, »The Value of Species«, 2012, Yale University Press, New Haven.
Rachel Carson, »Der stumme Frühling«. Aus dem Amerikanischen von Margaret Auer: Biederstein-Verlag, München 1962. dtv, 1968. C.H. Beck, 1976.
David Attenborough, »A Life on Our Planet«, 2022, Ebury Press, London.
Jonathan Franzen, »Warum Vögel wichtig sind« aus: »Das Ende vom Ende der Welt«. Aus dem Amerikanischen von Bettina Abarbanell: 2019, Rowohlt Verlag, Hamburg.

Das Buch basiert auf einer Abschlussarbeit im Masterstudiengang Illustration an der Hochschule für Angewandte Wissenschaften Hamburg. Die Arbeit wurde von Prof. Reinhard Schulz-Schaeffer betreut.

Eichborn Verlag

Originalausgabe

Fachlektorat: Anne Preger, Bonn
Umschlaggestaltung: Sarah Heuzeroth, Hamburg
Einband-/Umschlagmotiv: Sarah Heuzeroth, Hamburg
Satz: Sarah Heuzeroth, Hamburg
Gesetzt aus der Omnes Cond
Druck und Einband: Druk-Intro S. A.

Printed in Poland
ISBN 978-3-8479-0169-3

5 4 3 2 1

Sie finden uns im Internet unter eichborn.de.